U0096637

柳居士這麼說。

柳閒雲、無拙問心 著

推薦序

　　我看過很多心靈與佛學的文章，從中可以得到很多的舒緩，但是《柳居士這麼說》這本書卻讓我印象特別深刻，因為它的內容淺顯易懂，深入淺出，非常「接地氣」，讓我更容易知道如何入手！

　　當初我認識「柳居士」的時候，從跟他交談當中，發現此人才華洋溢，而且講話口條清晰，重點是他講話不但有邏輯、有道理，又讓人覺得很受用、很實際，連我這個經常考一堆博士生的教授都無法攻破他的論點！所以我就鼓勵他將他的想法與論點出書，以利更多的人！後來因緣成熟，他正好輔導了一位文筆很不錯的居士，願意幫他整理他所說過的話，終於「柳居士這麼說」於焉問世！

　　我最喜歡書中的幾段話：「每個人都是來這個世間執行一段『程式』。他不是他、我不是我，一切都是幻化的！」、「叛逆行為的背後是為了一種『存在感』」、「每天都要告訴自己：『我還要再多活一

天！』」、「人必須跟自己和合，別人才會跟你和合。」、「外境的一切現象都是自己內心的投反射」、「同理不同情，因為『同理心』對彼此才有助益，『同情心』只會讓對方失去『戰勝命運』的力量」、「輔導別人必須要能與對方『合一』，當『頻率』相同時，『共振效應』才會強！於是效果才會出得來！」……還有很多精彩的內容有待讀者自己「挖寶」！另外，書中還有很多輔導個案的精彩內容，相信讀者一定也會受益匪淺！我玉風居士誠摯推薦「柳居士這麼說」這本好書！相信它將會帶給您一番全新與平靜的感覺，而且還能讓您回味無窮，並邁向更「自在灑脫」的人生！由衷祝福各位讀者～心想事成、處處吉祥！

興大教授

玉風（筆名）於2021年

筆者序

　　筆者是一位老師，在一個偶然的機會裡，我認識了柳居士，我發現他講話總是很有深度，而且能「一針見血」地點出別人心裡的癥結之所在，但是不會傷到人！當時我有一個直覺，此人必能「救」得了我！於是，我主動請他私下幫我輔導，他欣然同意。

　　我的心理癥結其實很複雜，從來沒有任何人能幫我解開，而我也不敢指望有人可以救得了我！很不可思議地，柳居士居然辦到了！他解開了我的「千年之痛」，這句話真的一點都不誇張！但這樣的成果也非一蹴可及，而是他很有耐性持續不斷地輔導我，才終於成功地將我「已經被『囚困』千年的靈魂」解放出來！

　　以下是筆者遇上柳居士之後的收穫、轉變與成長：

1. 找回自信心，我開始能肯定自己的各項優點與長處。

2. 愈來愈健康，而且終於找到「活下去」的動力！
　　原來我之前身體健康不佳，是因為我潛意識當中

「不想活」！其實「身體」只是配合我的「意念」而已！

3. 我終於能夠快速地看見自己「憂鬱的情緒」，並懂得用什麼樣的方式有效恢復心情的平靜。

4. 因為這樣的因緣，重啟了我對寫作的自信與熱誠，所以才有這本書的問世。「寫書的過程中」筆者贖回很多曾經失去的「生命力量」，這是筆者當初也沒能料想到的意外收穫！

5. 由於我的轉變，間接利益到我的家人與諸多朋友！原來救一人等於救很多人！

6. 從柳居士糾正我「書寫內容」的過程中，雖然我必須領教他的一些脾氣與個性，但是從中他幫我增加了很多人際溝通能力，因為他間接讓我明白了~「哪些話能講，哪些話不能講」！

7. 藉此寫書的因緣，我輔導人的功力增長了不少！我幫助的人愈來愈多！超開心也超感恩的！

8.多年來的失眠問題也改善了很多很多！功德無量啊！

　　其實，起先筆者並沒有想到「出書」一事，我只是想要將<u>柳居士</u>講過的話記錄下來，這樣我便可以時時拿出來提醒自己，莫再掉入類似的「生命陷阱」之中！為了避免重蹈覆轍，我決定把所有「讓我很有感觸、很受用的話」都記錄下來！所以這本書才會取名為「柳居士這麼說」。

　　當初，我並沒有想到「出書」這件事！未料柳居士看過我的筆記之後，大為歡喜！再加上曾經<u>玉風居士</u>對他的鼓勵，柳居士於是決定「出書」！今日這本書能問世，筆者真的十分感動與感恩，也祝福每一位讀者都會有您的「覺知」、「受用」與「感動」！

　　　~~～向上、向善、無爭～~～共勉之！

無拙問 心

自序

　　柳某習慣於生活中觀察事物，感受到自身許許多多的問題與缺點，也感受到他人的一些痛苦與淚水。因本身喜歡與人互動，常聽別人說他們的故事，間接也經歷了許多人的悲歡離合、生老病死……故得到了一些心得，本敝掃自珍，做自我反芻而已。平常在偶然的情況之下，也會分享自己的一些看法與心得給與己有緣之人。有時談話後，偶而他們會回饋「柳某的話」對他們的建設性，進而產生了一些改變，故曾有多人鼓勵柳某出書，但自認難成一家之言，總是被柳某擱置。然而，近期因輔導了一位無拙居士，他甚是有感覺，於是他發心幫柳某整理談話的內容，希望這本書能問世，並幫助到一些人，所以開始了我們定期寫作且堅持的筆耕歷程！

　　現在這本書即將問世了，希望能對讀者有些助益！
　　與眾人結下這個善緣！乃柳某之幸！

最後以柳某的一首詩，結緣大家～

一點心萬相緣，顯實境自創緣，
歷千事竹掃階，登太平天下遠。

庚子年　中秋

柳間雲　提筆

凡是「不公平」的「吃虧」，上天都一定會好幾倍還給你！

　　台灣有某家公司的林老闆，因為經營不善，跟一位好友王先生借錢，可是這位林老闆後來沒錢還，只好將公司送給王先生，王先生對這家公司所做的事業根本一竅不通，可是他沒有別的選擇，只能接收這家公司。本來公司處於虧損狀態，可是王先生一進來，馬上逆轉勝！公司愈來愈賺錢，每年有上億的進帳！王先生自己也感到十分不解！後來有位高人跟他說，那是因為他願意奉養那位「令其他兄弟都受不了的老母」之緣故。據聞王母的脾氣非常令人受不了，王先生每天都得忍受他母親的壞脾氣，就是這樣的功德，讓他錢愈賺愈多！員工各個都非常賣力工作，別人想挖角也挖不走，總經理對王老闆更是忠誠，幫他把員工與業務都管理得非常好！事實證明，你若吃了不該吃的虧，上蒼看在眼裡都明白，祂就會讓你得到別人得不到的東西！

筆者心得

　　好像真的是這樣！筆者有位好友，她生長在一個「男女極為不平等」的家庭中，從小就得修「忍氣吞聲」與「毫無自由」之功課！在這樣的生長環境中，她成功地練成了「逆來順受」的功夫！結果當她到了婚嫁的年紀，這個家中所有的「大男人」（父親與兄弟）全部卯起來，幫她物色了一位好老公，她只是傻傻地嫁給對方，結果沒想到這位「老公」處處尊重她、順著她，並給予她「完全的自由」，而且還包容她所有的缺點！她現在可是挺享「清福」的呢！令人十分羨慕！可見上天是公平的！

每個人都是來這個世間執行一段「程式」。他不是他、我不是我，一切都是幻化的！

筆者心得

　　這句話講得真好！這世間原本就是幻化無常的！每個人都有他的「任務」，執行任務完畢就消失了！這個世界猶如一個「大道場」，每個人都是來此「修練」與「提升」的！無論是你、我、他，都是來完成這樣的任務～提昇自己也幫助別人提升。我們來到世上的目的並不是為了無止盡地追求「名、權、利」！畢竟此生的終了，名利、地位、錢財都帶不走，帶得走的只有善惡業、習氣與智慧力，所以讓我們多帶點「善業、福報、智慧、善緣、好的習氣……」離開這個世界吧！

叛逆行為的背後是為了一種「存在感」。假如「存在感」增加，則「自信心」也會隨之提高，於是叛逆的行為就自動減少甚至消失。

　　台語有句話：「壞竹出好筍」，為何會這樣？其實這也是一種「叛逆行為」所造成的，行為的背後動機也一樣是為了「存在感」！只是這種「叛逆行為」反而產生了正向的結果，但其目的終歸都是為了「存在感」。

筆者心得

　　「存在感」確實很重要，人活下去的「原動力」往往也是因為有一種「存在感」。不過筆者認為，存在感最好是架構在「以利益他人為出發點」之上，這樣會讓自己的心寧靜又祥和！

參解個案時，要去瞭解兩個問題：1.為何他找不到「存在感」？2.要設法幫他找到「存在感」。

　　存在感又分為「心的存在感」與「行為的存在感」：

1. 「心的存在感」：就是要幫他找到一個「歸屬的觀念」（他能認同的正向價值觀／人生觀，例如：孝順、勤儉、積極、向上、向善、助人提升、自在瀟灑……等等）；

2. 「行為的存在感」就是要幫他架構一件事讓他做。

筆者心得

　　「存在感」常常是一個人活下去的「力量」來源。筆者有位朋友，就是因為沒有「存在感」，也就是他找不到自己的「價值感」，於是常常會有「祈求阿彌陀佛趕緊帶他走」的「自殺思想」！後來他遇上柳居士，經過一番懇談，柳居士發現他最大的問題是「失去了價值感」，原來多年以前，這位朋友因為遭遇某個重大的打

擊，讓他決定「封筆」！封筆的結果，也封閉了他的「心靈」！因為一個人的特長如果沒有得到發揮，就會活得很「空洞」，也就是說他沒有「適得其所」，換句話說，他根本沒有活在他應有的「生命軌道」之上，於是生命失去了重心與價值感！難怪他經常有一種「不如歸去」的「灰色思想」！柳居士發現他最大的特長就是「文筆不錯」，柳居士鼓勵我這位朋友重新打開「塵封」已久的「文筆」，努力去揮灑美麗的人生，再次發揮他的天賦、找回創作的靈感，並以自己的文章利益他人。於是我這位朋友終於找回自己「快樂的靈魂」！終於找到「活下去的力量」！不難想像他有多麼感恩柳居士的帶領！

某位老師說：

西遊記是一本「天書」！每個人都要歷經九九八十一難，有人是早年吃苦；有人是中年或晚年吃苦。如果沒有做「善業」，就算花錢請人「改運」，也逃不掉這八十一難。假如你各方面福報都不錯，那「它們」一定會找另一個「出口」（心）來折磨你！

其實「折磨」就是在「排毒」，而且吃了這個苦，就不必吃別的苦，因此我們還是「安然接受」它們吧！

筆者心得

柳居士講的內容，好像就是在講我耶！我是一個好命的人，各方面都不必太操心，但是「心」常常被某些「委屈」折磨得半死。也許就是因為我「沒有吃別的苦，就得吃這個苦！」好吧！那我也只好「認命」了！同時也藉此「違緣」來不斷提升自己！

每天都要告訴自己：「我還要再多活一天！」明天日子可能還是不好過，後天也是一樣，大後天也不例外，但是第四天可能就變好了！重點是你必須撐得過前三天的痛苦！每個人的運何時才得以「開展」不知道，像姜子牙七十歲才當宰相，倘若他五十歲或六十歲自殺，那就沒有後面的大運了！所以我們能做的就是～「多做一點利益他人的好事」，其餘的就交給上蒼安排了！

筆者心得

　　筆者的某位朋友，早年的生活很辛苦，常常吃虧、常常被欺負、常常受委屈……，如果當初她撐不過；如果當初她沒有堅持善良，也就沒有今天的「起死回生、轉禍為福」的機運！所以無論日子再怎麼苦、無論多麼委屈，還是要努力堅持向上、向善、無爭，並做到「無怨、無尤、只有感恩」！於是命運才有轉圜的餘地！

命運有分「可控」與「不可控」兩個部分。「可控」的是：努力去圓滿人事物，這是我們唯一能做到的。「不可控」的是助緣、天氣、大環境……等，這只能交給上方！所以我們只能努力做好「可控」的部分，也就是做好當下能做的每一件事情，不必規劃未來，因為未來「不可控」，例如：武漢肺炎。不要恐懼未來之劫難，我們只要當下努力做好事，未來就算壞事發生了，有可能會因為「好種子」「發芽」於是突然有貴人出現，幫助我們度過難關。

筆者心得

　　的確！我們只能做好「可控」的部分。可是據筆者觀察，很多人雖然「知道」道理是這樣，可是眾生還是無法將「可控」的部分做得很好，因為其一可能是無法百分百「深信因果」，其二可能是「習氣」或「業力」的拉扯，令他們很無奈地一再犯錯！

　　於此，筆者認為，當我們看見別人「說得到做不到」或者是「道理都知道，卻難以落實」時，千萬莫要

責怪或批判對方！因為他們也很無奈！我們應當如是想～
「如果我的程度或處境跟他一樣，可能也會做出跟他一樣的事情來！」

　　總之，莫要指責或批判別人！畢竟「眾生皆有佛性」，每個人都有「自我輔導」的能力，所以我們應當給別人「時間」、給人一個「自我修正」的機會，我們只須為他們不斷地祈福與祝福！

假如善慧不足，則遇不到貴人！遇不到貴人是因為自己福報不足！

筆者心得

的確！福報不足遇不到貴人，縱然貴人就在眼前，也會因為自己的「業力」蒙蔽了自己的「慧眼」，沒有「慧眼」如何能「識英雄」？再者，就算遇上了貴人，如果自己不懂得珍惜，則貴人的作用也必不長久！

「好人」→心安、身不安。（因為常常受委屈會導致健康出問題）

「壞人」→心不安、身安，但是最後身心皆不安！

有些壞人為何願意改邪歸正？只為了心安、為了睡得安穩、為了擺脫焦慮與恐懼！

地雷理論：

　人生有很多地雷，一般人都會教我們如何避開地雷。但修行是在「清除」地雷，才不會引發更多的劫難！

筆者心得

　我們的心中常常埋藏了許多不為人知的「地雷」，所有的地雷都幾乎離不開「我執」，當地雷爆炸時，就是「我執」起現形的時候！話雖如此，但是我們不能互相怪罪彼此的「地雷」，應該是互相包容並尊重彼此的「執著」！因為「我執」沒有上下、高低、多少、優劣……之分！我沒有比別人高明，別人也沒比我差勁，僅可說是「彼此、彼此」（半斤八兩）啊！ㄏㄏ！所以只要我們能盡量避免踩到他人之地雷，則利己利人矣！

　曾經筆者看過某一本佛教的書籍，裡面提到~「人透過一輩子的努力，也只可能破除一個我執！」由此看來「我執」的確是個很難對付的「心魔」！因此讓我們多多包容彼此的「地雷」吧！

當然，我們還是要努力清除心中的「地雷」，但是不容易！如果做不到也莫太苛責自己，盡力就好！只要我們懂得如何閃開彼此的「地雷區」就已經是阿彌陀佛了！

　　另外，如果有人願意告訴你他心中的「地雷」，則此人一定是你的「好友」！千萬要珍惜他！因為這表示他在乎你，所以才願意讓你知道他的「地雷」之所在。

人必須跟自己和合，別人才會跟你和合。電影《心靈小屋》的男主角，自己跟自己分裂了，所以整個家陷入瀕臨分裂的痛苦，當男主角跟自己和合了，兒女也都跟他和合了！所以自己不穩定，則外境晃一下，我們就搖很大！我們如果自己很穩定，則儘管外面搖晃得很厲害，我們也不會動搖！

　　每個人都有缺點，不要過度批判自己，也不批判他人！因為每個缺點的背後，幾乎都有其正向的價值與意義！例如：急性子的人做事效率高，脾氣直衝的人多半非虛偽之人，慢吞吞的人做事多半比較細心，而且這種人常常包容度都比較高！

筆者心得

　　過度批判自己，便無法與自己「和合」，於是矛盾、痛苦於焉產生，如果不好好解開這個心結，不但人際關係很容易出問題，可能連身體健康都會出狀況，癌症多半都是因為「心結」打不開所造成的。

而我們為何會「過度批判」自己呢？其原因可能是下列數種：1.父母的管教很嚴厲、2.道德標準過高、3.戒律、4.學校師長給我們的教育、5.社會的價值觀……等等，這些都是我們強大的「軍火庫」！ㄏㄏ……

　　總之，只要我們的缺點不會危害社會，則所有的缺點都可以被諒解與包容！筆者的意思並不是說，我們可以「縱容」自己的缺點，而是在「萬般無奈」的情況下，老毛病又犯了，我們還是要能夠原諒自己，不要過度「撻伐」自己！試想：我們常常原諒別人，為何不能原諒自己？我們可以給別人「救贖」的機會，為何就不能給自己一個「救贖」的機會呢？我們可以「愛」別人，為何不能「愛」自己？所以，多愛愛自己吧！這樣可以減少掉眼淚，於是身心可以更健康、更快活！

人生的劇本都是自己寫的，結果你還要不停的抱怨劇本不好！我們一定要相信，所有的苦難對我們都是有幫助的，最起碼它減輕了我們的罪孽，也就是佛家講的「業障消除」之意。每個人都有他必須面對的「功課」，從一個「虛擬實境」落入另一個，只是角色會不同而已，其實通通都是虛幻不實的！記住這樣一句話～「**吃苦都是在開後面的運！**」所以無論再苦都當保持一顆無怨無悔的心，不管「好運」是否到來，最起碼「心靈」的高度提升了！☺

筆者心得

　　以佛家的「因果報應」來審視柳居士的這些話，的確非常合理！問題是大多數的人都不相信因果，所以無法相信這樣的事實～「**人生劇本是自己寫的**」。如果我們能明白一切的命運都只是「**自作自受**」，那麼還有什麼好抱怨的？面對一切的「因緣」只能接受與隨順。然後努力經營當下的每一個「發生」，無論再苦、再難都要堅持善良，而且莫與人比長短，才不會增加更多無

謂的痛苦與煩惱！好的因緣我們當懂得珍惜、把握與感恩，不好的因緣則好好從中學習與體驗，無論好與不好都是上蒼的「美意」，我們只須**「做更好的自己」**！期待此生的終了，能帶著微笑，安祥地跟這個世界說「再見」！

如果你有一種無奈感~被逼著去做壞事，或做你不想做的事，那是因為你過去也曾逼著別人去做壞事，或去做一些他不願意做的事。我們千萬不要強迫別人去做非他意願的事，要讓他自己選擇，這樣日後無論後果如何，他都不會怪別人。

筆者心得

筆者的一位朋友堅持要出家，他的父母只有他一個小孩，所以萬般不捨，哭過也掙扎過，但是他們最後還是尊重他的選擇，畢竟出家不是「做壞事」，最後只能祝福他心想事成！終究只有他快樂，他的父母才會快樂！筆者相信「善有善報」，他的父母能尊重他的選擇，則上蒼對他的父母，也必定另有安排！

劉德華說：「你有的，你要給出去；你會的，你要教別人。」據聞劉德華每天拜佛！

筆者心得

原來一些成功的人士，都是樂於付出的人，他們無形中踩中了天地的「律」，所以能有很棒的一番作為。

享福的時候要利用自己的福報多做一些善事，則當我們人生掉入谷底時，才會有貴人相助，才會有福報與之相抵，否則當「數」用完，人生進入谷底時，便很難再翻身。貴人可能是醫生、心靈導師或「金主」……等。

筆者心得

這話應該是真的，筆者認識一個人，他做善事只是他一種強大的慣性！雖然他無所求，但是每當他人生陷入困境時，總是能「絕處逢生」，遇到貴人「毫無條件」地伸出援手拉他一把，原來他的「貴人運」是自己曾經種下的「種子」！

商人卡「利」關；當官者卡「權」關；修行者卡「名」關。

道德經云：「無為而無所不為」；金剛經云：「一切賢聖皆以無為法而有差別」。所以不要強迫別人的行為符合我們的期盼，不給別人壓力，才能真正利益眾生！我們應當順其自然發展。「一支草一點露」，每個人都一定有他命中注定的「生命軌道」，大家各司其職就是最好！千萬莫叫烏龜去賽跑；莫叫鴨子去爬樹；莫叫猴子去潛水……，否則天下必大亂！除非沒有適得其所，才須要出手管理，否則盡量不要帶給別人壓力，若能隨順因緣，則「是法住法位，世間相常住」，於是大家都輕鬆、和諧、愉快！何樂不為？

筆者心得

　　據筆者觀察，為人父母者常常為了自己的「面子」，無法讓孩子「順其自然」，總是希望孩子的發展能符合自己的期盼，結果產生很多沒有必要的「糾結」，甚至還弄到「兩敗俱傷」！何苦來哉？汲汲營營於「有為法」與「賢聖」相去甚遠啊！是故~「**一切賢聖皆以無為法而有差別**」！

筆者認識某位朋友，他的孩子完成了父母的期盼~台大一流科系畢業，可是當他畢業後，他決定去賣咖啡，結果他的母親得了憂鬱症。另外一例，台大畢業後去開早餐店，父母直搖頭嘆氣！類似這樣的例子實在是不勝枚舉！

不過也有「**無為而無所不為**」的少數例子，筆者有位女性朋友，她的個性好強好勝，對小孩的要求也十分嚴格，很會打罵小孩，可是她的先生不斷提醒她：「孩子順其自然發展就好，「一支草一點露」！我雖然是博士畢業，但是我並沒有要求我的孩子也要拿到博士學位，你不要再打罵孩子了！**你要讓孩子永遠敢跟父母說實話；你要讓孩子永遠有一個家可以回！**」就是這些話，改變了我這位朋友的行為，她從此不再打罵小孩，一切順其自然發展，結果她的孩子不但能與父母和樂相處，而且對父母也很誠實！

「逆境」中的體悟一定比「順境」中的體悟更多、更深！沒有「磨難」，人很難成長！這好比學校如果沒有「考試」，學生無法學到最多的東西。阿羅漢與菩薩們的「考卷」就不是一般人過得了的，因為「考題」特別難！例如：憨山大師曾陷牢獄之災，後來被逼還俗並流放邊疆長達20年！他最有名的「醒世歌」就是在這樣的困境中悟出來的～～紅塵白浪兩茫茫，忍辱柔和是妙方，到處隨緣延歲月，終身安分度時光。休將自己心田昧，莫把他人過失揚，謹慎穩守無懊惱，耐煩做事好商量。……

我們是生來「自討苦吃」的！但是我們要努力在「苦」當中學到東西，於是讓「逆境」成了我們人生中「最精彩的回憶」！當「好人」注定容易「受委屈」！

筆者心得

好精彩的一段話！想必柳居士的人生一定擁有很多「精彩的回憶」！所以他才講得出一段如此深具意義的智慧之語！的確！在「逆境」中所學到的東西，最令人

難忘，也最受用！同時也讓我們產生更大的能力與智慧可以幫助其他「受困」的人！另外柳居士的這句話~「好人注定要受委屈」，也令我也很有感觸！筆者的某位朋友，她常常受兄嫂的欺負，可是她不敢跟父母說，因為她害怕她的父母無法與兄嫂和樂相處，所以只能選擇默默忍受所有的「委屈」，眼淚只能「內吞」！唉！「好人」難當啊！不過，上天也沒虧待她，我發現她的家庭很和樂！我終於明白一個真理~原來「幫助別人和樂，就能幫助自己和樂」！**要怎麼收穫，先那麼栽！**所以柳居士之前說：「人生劇本是自己寫的」，這句話真的很有道理！

某個「關卡」通過了，就升級了！但是還要再「歸零」，這樣才能不斷地進步。

「心路歷程」走過了，才能體悟某個真理。讓「書本」中的道理滲入你我的「心中」；讓「平面」的道理，走入我們「立體」的生活中！

筆者心得

　　的確如此，只有「身歷其境」方能體會「個中滋味」，親自體驗過的「心路歷程」（酸甜苦辣都嚐遍），方知原來「真理」不是在書本裡，而是藏在您我靈性深處的「真善美」之中！

「比較」是人類「心苦」最大的來源！沒有比較，就沒有所謂的得失、成敗、好壞、美醜、高矮、胖瘦、是非、對錯、長短、榮耀與丟臉、驕傲與自卑……等等的問題！

筆者心得

　　說得好啊！極樂世界為何這般美妙？只因為極樂世界裡大家無論外貌、身材長得都一樣，大家的「依報環境」也都一樣，所以「沒得比」！故煩惱無從生起！

放下「錐心之痛」需要時間，常常須要放下N次，到了第N次才終於完全放下了！所以，如果眼前有很痛苦的事情發生了，且讓自己先到「十年後」看這件事。我們一定要相信這個道理～「**你所遇上的每一個困境，都是要磨練你，讓你變得更美好！**」

筆者心得

再痛苦的事情終究都會過，而且如果能以「無怨無悔」的心走過這一切，則我們一定會從中得到許多智慧與心靈的成長！這就是我們要感恩的地方，感恩上天的「美意」與「巧安排」！所以筆者非常喜歡柳居士的這句話～「你所遇上的每一個困境，都是要磨練你，讓你變得更美好！」

如果一時過不去或委屈無處訴時，暫且找一個「好山好水」的地方散散步、看本好書、看一部好的電影、跑步、打球……等方式，讓自己抒壓一下！

另外，如果我們知道～10年後將會遇見「更美好的自己」～那就先讓我們用這樣的心情去面對困境，則

我們一定能令眼前「虛妄的痛」逐漸翻轉為「無盡的感恩」！☺

當我們損失金錢的時候，不用太心疼，因為「錢損」是「擋災」，還好不是「體劫」或「命劫」，「花錢消災」而已！

「一方土養一方人」。「山明水秀出賢人，窮山惡水出刁民」。

「近山成仙」。所以人喜歡往山上跑，因為可以「交換能量」，於是會令人有抒壓的愉悅感，台灣中部的溪頭與杉林溪都不錯！張良在輔佐劉邦稱帝之後，就退隱到一個山明水秀的地方度過餘生，後來人們稱該處為「張家界」。

「窮山惡水」因為資源缺乏，所以大家為了搶資源往往不惜一切廝殺或戰爭！

筆者心得

「外在環境」的好壞會影響人們「心性」品質，所以我們當慎選居住環境。同理～我們「內心」的「環境品質」也很重要！內心環境的垢淨，也會影響我們「靈性」的「層級」，所以一旦決定要踏上「解脫之路」、

脫離「生命之囚」，我們當「如臨深淵、如履薄冰」般地守護自己的「起心動念」！

　　「煩惱」只是「客人」，我們千萬莫讓「煩惱」「反客為主」！煩惱一生起，我們當立刻警覺，然後**「劃清界線」**，先將它暫時「封鎖」！且讓「河水不犯井水」，它走它的陽關道，我過我的獨木橋！「強烈專注當下」應是不錯的「切割」方式！其他的方式，如念佛、拜佛等，也都是上上之選！總之，先讓它「停格」，然後「內觀」，則**「煩惱」即成「菩提」**的養分與根源！

我們如果變得不好，則不是只有我們不快樂，我們周遭中的一切人等，可能都會不快樂，尤其是至親的人！而且「蝴蝶效應」的結果，受我們負面情緒影響的人可能多到讓我們難以想像！最後可能連佛菩薩或護法神都會不歡喜！為了讓自己歡喜、讓「眾生歡喜」，也為了讓「諸佛歡喜」，且讓我們努力變得更好，於是將造福無數的人啊！

筆者心得

講得太精彩了！原來一個人的不快樂居然會影響這麼多的人！所以，我們怎可輕忽自己的「煩惱」呢？反之，一個人的「快樂」也一樣會產生「蝴蝶效應」，讓無數的人變得更歡喜！可見「選擇變得更好、更快樂」是多麼重要的一件事啊！筆者對這一段特別感到「法喜充滿」！真的好感恩！柳居士的這一段話何止「價值連城」啊！且讓我們都一起努力讓自己變得更好吧！～共勉之～☺

乘願再來的高僧不是沒有苦難，而是他們能做到「淡喜淡悲」。

　　「淡喜」才不會招惹人忌。

　　「淡悲」是因為自己心中知道，當苦難結束時，心靈的層級又提高了，所以有何可悲之處？例如：夢參老和尚，因政治因素蒙受冤獄33年，如果老和尚的「心」不夠強大，如何能熬過這漫長的33年！（「心」的強大，來自「忍辱力、定力、智慧力、精進力、包容力、學習力……等等」。）夢參老和尚每次說起這段際遇，總是清楚地告訴信眾～你們不要認為是有人陷害我，使我在牢裡受苦，其實這是我過去自己所造作的「業」，現在承受這樣的果報，這是很公平的事。如果我們有能耐看到自己前幾世的所作所為，就會明白一切苦樂憂喜都只是「自作自受」，因果非常公平。

筆者心得

　　我們的苦難都沒有比夢參長老更苦，所以還有什麼過不去的？倘若我們有任何煩惱或痛苦過不去的時候，

且讓我們在「心」上多下功夫，讓我們的「心」變得更強大，便能安然度過「驚濤駭浪的煩惱苦海」、成功超越「嚴峻冷酷的逆境高山」！

　　但如何能讓自己的心更強大呢？不外乎：1.寧靜（寧靜方能致遠）、2.強烈專注當下，這樣才有辦法切割情緒、3.看一本與自心相應的好書、4.修行（念佛、拜佛……等）、5.自我反省（但不是「攻打自己」）、6.請教「明師」、7.理解眾生的無奈，也理解自己的無奈、8.諒解別人，也諒解自己的無奈、9.不斷感恩與體會上天的「美意」（不管有多痛苦，一旦翻轉了，我們的心智一定會更增長、更成熟！能不感恩嗎？）、10.深信因果……等方式。

唯一逃離逆境的方式就是～讓每一個「當下」過得更精彩、更好、更充實！穿越了痛苦，我們就會得到更大的勇氣！

筆者心得

　　這段話也是價值連城啊！若能做到「**讓每一個『當下』過得更精彩、更好、更充實！**」怎麼還可能會有煩惱呢？於是「逆境」已經不再是「逆境」！隨順因緣、當體即空！凡所有相皆是虛妄！雖然此等境界一時可能不容易達到，但是我們還是要不斷地練習～「讓每一個『當下』過得更精彩、更好、更充實！」當「煩惱」現前時，更要提起「這個正念」！然後勉強做下去！筆者的親身經驗是，只要願意勉強做下去，不需很長的時間，煩惱就會自動「靠邊站」，也許煩惱隔天還會再現前，但是只要我們願意再一次如法炮製，煩惱一樣會再度「退避三舍」！不要害怕「煩惱」再三現起，它常常會帶給我們很大的啟發，並讓自己遇見「更美好的自己」！雖然我們常常必須「重複放下」「N」次，於是

該煩惱才終於能完全消失殆盡，但是在這重複放下的過程裡，我們常常會有很多豐盛、精彩的「心路歷程」！值得的！所以柳居士說～「穿越了痛苦，我們就會得到更大的勇氣！」

古有云：「做天難做四月天，蠶要溫和麥要寒，行路望晴農望雨，採茶姑娘盼陰天。」總之一句話，對於老天爺，四月是眾口難調的季節。做天都這麼難了，更何況是做人！所以我們要有「被討厭的勇氣」！不要為了討好別人，最後失去自己、失去「存在感」，這樣我們的「生命能量」會更混亂，因為我們常常會自己攻打自己（否定自己）！有時候甚至還會有一股非常洩氣的想法～「做善事反被懲罰」！其實「萬法本閒，唯人自鬧，心若不生，境自如如。」

筆者心得

　　筆者認識一位朋友，她從小就被迫必須懂得如何討好別人，否則惹到兄長就會被拳打腳踢，最後失去了自我平衡，於是身體付出了不少的代價！不過雖然他在這樣的環境下成長，也還是另有一番心靈的收穫～歷經「失去自我」的痛苦，反而建立了更強大的「自信心」與豐沛的「同理心」。

「萬法本閒，唯人自鬧，心若不生，境自如如。」這是一個「本來無一物，何處惹塵埃」的境界，也是心經所謂的：「心無罣礙，無罣礙故，無有恐怖，遠離顛倒夢想，究竟涅槃。」這的確不易！但我們還是得繼續努力，永不放棄！

造成我們最快樂的事情，往往也是造成我們最痛苦的事。我們能傷害的人，都是那些最愛我們的人，反之能傷害我們最深的人，也都是那些我們最愛的人。

筆者心得

的確，我們不愛的人怎麼傷得了我們！反之亦然。如果我們被傷了，那就當作那是「償還前世恩怨」吧！盡快原諒別人，莫要報復，以免落入了惡性循環之中，「原諒」是最佳也是唯一的解脫之道。從「被傷」的經歷中，我們應當更珍惜、更感恩與愛護每一個「真愛」我們的人，絕對不要傷害到這些人！另外，我們還得積極地去結新的「好緣」，並到處幫助別人「修復關係」，種下更多的「善緣種子」。於是所到之處，都有「愛護我們的人」、「貴人」……。（順治皇帝讚僧詩：五湖四海為上客，皆因宿世種因緣。）

「善緣」不易獲得，不管是眷屬或朋友。我們不應該將「好緣」視為理所當然，一旦讓「深愛我們的人」受傷，接下來就不知道要互相糾纏幾生幾世方能罷休！

柳居士這麼說

如果我們傷害到「非常深愛我們的父母師長」，那恐怕連「老天爺」也得罪了！這樣我們恐怕更難遇見「真愛我們的人」！

人在順境時當多做善事，則逆境來時，比較能逢凶化吉獲得到貴人相助。斷除「惡緣」最佳的方式就是不斷地做好事。

有句話說得好：「人人都想上天堂，可是都不想死！」意思是說，每個人都想得到好處，但是都不願意付出代價，只想不勞而獲。

努力將自己修好，善緣自然來；努力充實好自己的能力，機會自然會上門。

努力累積傾聽的能量，則演說能力會自動提升。

不斷地「擺渡」人，自己就能改運。拔除了他人的苦，自己的苦也必定拔之於無形！幫別人找回「失去的力量」，自己也能贖回「曾經失落的力量」！

筆者心得

度人度己，當我們講話給別人聽時，自己聽得最清楚明白！鼓勵別人等於鼓勵自己；愛別人等於愛自己；讓別人開心，自己也一定會開心；原諒別人等於原諒自己；體貼別人也是體貼自己；善護念他人就是在善護念自己……！所以有句話說：「所做之惡，留在身邊，所做之善，回到身邊。」

大笑可以排除負能量、吸收正能量，又能驅走無形的眾生。

柳居士說故事：「一切都會成為過去」，這是一個引人深思的波斯寓言。

有一個國王向他宮中的智者要求說：「我為我自己做了一個非常漂亮的戒指，我是用最好的鑽石做的，我想要在這個戒指裡面藏著一個訊息，它可以在我極度絕望的時候幫助我。它必須非常小，這樣它才可以被藏在那個戒指的鑽石底下。」

宮中的智者都是偉大的學者，他們可以寫出偉大的論文，但是要給一個非常簡短的訊息，讓它可以在極度絕望的時候幫助國王……他們左思右想，參考了很多書，但還是想不出來。

國王有一個年老的僕人，他幾乎就像他的父親——他以前是他父親的僕人。國王的母親早死，因此由這個僕人來照顧他，所以他並沒有像「僕人」一樣地被對待，國王對他非常尊敬。那個老者說：「我不是一個智者，我也不是一個學者，我沒有那麼博學多聞，但是我知道那個訊息——因為就只有一個訊息。這些人無法將它給你；它只能由一個神祕家、一個已經達成他自己的

人給你。」「我在宮中已經度過了漫長的歲月，各色各樣的人我都看過。有一次，一個神祕家，他是你父親的貴賓，剛好由我服侍他。當他要離開的時候，為了要感謝我對他的服務，他給了我這個訊息。」

老僕人將它寫在一張小小的紙上，摺疊起來，告訴國王說：「不要讀它，只要將它藏在戒指裡。唯有當進入絕境，已經無路可走時，才可以將它打開。」

時間很快地就來到了，國家受到了侵略，國王失去了他的王國。為了要保存性命，他騎著他自己的馬逃走，敵兵的馬在後面追趕。他只有一個人，而他們人很多。他來到了一個無路可走的地方，一個死的盡頭：懸崖和深谷，一掉下去就完了。他不能回頭，因為後面有敵人在追趕，他可以聽到他們的馬蹄聲，他也無法再向前走，而且也沒有其他的路……，就在這個關鍵時刻，突然間他想起了那個戒指。他將它打開，把裡面的紙拿出來，裡面有一個很小的訊息，上面寫著：「一切都會成為過去」，當他讀完這句話時，他突有所悟，的確，在這個世界上沒有一件事會永遠停留，當下無論再怎麼

痛苦的事情終究都會成為過去，於是他不再執著眼前的困厄，國王此時內心變得好平靜、好祥和！結果，他在懸崖處意外地看見他從來沒有見過的美景！正當他覺得心曠神怡時，他突然發現「馬蹄聲」已經聽不到了，因為那些追趕他的敵人可能是在森林裡迷路了。

　　國王非常感激那個僕人，以及那個未知的神祕家。「一切都會成為過去」，這句話被證明真的是個「奇蹟」！國王將這張紙摺疊起來，放進戒指裡，然後再度糾集他的軍隊，收復他的王國。當他以勝利的姿態進入首都，那裡到處都在慶祝，有音樂、有舞蹈，他對自己感到非常驕傲。那位老者走到他馬車的旁邊說：「這個時候也要看一下那個訊息。」國王說：「你是什麼意思？現在我已經勝利了，人們都在慶祝，我並不是處於絕望之中，我並不是陷入絕境。」那個老年人說：「聽著，這是那個聖人告訴我的～這個訊息不只是在絕望的時候可以用，在很快樂的時候也可以用；它不只是在你被打敗的時候可以用，它在你勝利的時候也可以用；它不只是當你在痛苦的時候可以用，當你在歡樂的時候

也可以用。」國王將那個戒指打開，讀了裡面的訊息：「一切都會成為過去」，突然間，同樣的寧靜、同樣的和平再度降臨到他身上！就在群眾當中、就在大家都高高興興地在慶祝和跳舞當中……那個驕傲（得意忘形）不見了，那個「自我」不見了！

後來，他邀請他的老僕人坐上他的馬車，他問說：「其他還有什麼嗎？每一件事都會過去……你的訊息真的非常有幫助。」那個老僕人說：「你記得你經歷過的一切嗎？沒有什麼事、沒有什麼感受是永恆的。夜晚會轉為白天，喜悅和絕望的時刻也會互換。接受這個自然現象，就是人生的一部分。」

這個故事讓我們學到，無論順逆境，我們當以「淡喜淡悲」來面對之！「逆境」中莫要放大自己的痛苦，才不會苦上加苦，甚至招致「屋漏偏逢連夜雨」的命運。同理，「順境」中不要太得意，甚至將自己「封神」！吳王夫差就是因為太得意而輕忽了越王勾踐的實力，最後招致滅國之命運。古人云：「牆倒眾人推，樹倒猢猻散。」台語有句話：「囂張沒有落魄的久！」所

以我們當牢記這些智者的話！

筆者心得

又是一句價值連城的智慧之語：「一切都會成為過去，所以要『淡喜淡悲』！」只有這樣，才能在「逆境」中化險為夷、才能在「黑暗」中看見「光明」！「順境」中則須低調再低調，方能保爾平步上天堂！

輔導人不是讓對方成為自己，而是幫助對方「找到自己」！萬物歸一，但是萬物卻不一樣！一塊地毯看起來是一體，但仔細放大瞧瞧，其中卻又各自獨立。每個人的天賦、專長與個性都不一樣，所以不能要求別人跟我一樣。重點是他要變得更好，而不是讓他成為我。

　　你不是在「輔導別人」，而是在「輔導自己」！我們不是在「講話給對方聽」，而是在「講話給自己聽」！我們不是在「給別人建議」，而是在「給自己建議」！我們要設身處地為他人想著，有句話說得好：「把自己的腳放進對方的鞋子裡，感受對方。」也就是說～「如果我是他／她，我該怎麼做，才能跳脫出煩惱的束縛？」總之，我們必須幫對方找出適合他的方法，然後我們先進入對方的靈魂，瞭解他的感受與故事，接著再進一步思維～「我該如何走出這個困住靈魂的「迷宮」？」、「我該如何從黑暗走向光明？」

　　沒有人喜歡聽別人「說教」，所以我們表達要和緩與柔軟，非必要不要使用「剛脈」，還有要避免以「長輩的口吻」說道理和「貼罪名」，才不會形成「對

立」，必須讓對方產生「榮辱與共」與「統一戰線」的感覺。要以對方的利益為出發點，我們要做的是「靈魂合一」，也就是先從「心」跟對方「和合」！這樣別人的耳朵才打得開，進而「心」也打開了！

輔導人時，究竟是我們在陪對方，還是對方在陪我們？我們付出了一段生命時光，相對的對方不也付出了一段生命時光嗎？輔導的過程，因為輔導對方就等於輔導自己，所以一方面可以提升輔導的功力，另一方面也可以提升表達的能力，故當下自己已經得到成長，因為我們不是學習「練習」，而是我們當下就是在「練習」，練習什麼？練習「救自己」。

筆者心得

從柳居士的這段話，就知道他應該有體悟到「萬物歸一」！萬物歸一的「一」，可以有幾種解釋：1.宇宙萬物是「一體」的、2.「合一」，也就是沒有「對立」、3.萬法唯「心」，一切萬事萬物都由「心」生。

「合一」就能成為「一體」，「和合」就沒有「對

立」，所以「無我相、無人相、無眾生相」。

眾生都是「不完美的」，我們自己也不完美，只要對方的缺點不是「傷天害理」者，有什麼不能接受的呢？何況我們自己的缺點可能還比別人大呢！只有「互相接受彼此的不完美」，才有辦法創造「合一」的「完美」！

一則佛教故事☞有一個徒弟問師父：「師父的心目中，哪一位弟子最好？」師父說：「以花為例，你認為什麼顏色的花最好？」徒弟答不出來！師父繼續說：「如果黃花是最好的，那麼其他顏色的花都是不好的，那它們都不該存在！就是因為花有不同的顏色，這世界才會五彩繽紛，大地才會展現最美的狀態！同理，每一個人的特長都不一樣，每個人都有其價值，大眾各司其職，這個道場的運作才會呈現最佳、最和諧的狀態。所以，在師父的心目中，每個人都一樣好！」

一個人的長才如果沒有得到適當的發揮，也就是說，他沒有走在自己所屬的「生命軌道」上，則他將會得不到「存在感／價值感」，也就是不得志，於是他很可能會鬱鬱寡歡，也可能會因此而走偏，甚至誤入歧途！如果我們輔導這樣的人，就要設法幫他找到他的特長，並鼓勵他發揮自己所長，於是他才能找回自己的「存在感／價值感」，這就是「找回自己」！如何幫對方找到他的特長？這需要一點時間，陪對方回溯他人生最快樂的光陰，從耐心聽他講述的過程中，慢慢就會找

到他的興趣與專長。

　　與人講話要去找他的天賦，然後從天賦中去找出他最有興趣的事。做自己最有興趣的事情，最容易得到「成就感」的滿足，於是「存在感」就產生了，也就是「找回自己」的「價值感」！如此之後，當他做其他的事情時，自然會滿懷自信地去做，於是無論做什麼事都會比較容易成功，至少會有「成就感」，於是終結了他鬱鬱寡歡的人生！這好比「光暈效應」，一個點亮了，其他的就自動暈開了！也好比「群峰環繞」或「眾星拱月」！又如～「千年暗室，一燈即破」！也就是說～當我們做對一件事的時候，其他的事情也很容易也跟著做對了！

筆者心得

　　筆者很喜歡這句話：「輔導人不是讓對方成為自己，而是幫助對方『找到自己』！」這就是「**無我**」的一種體現！我們必須接受每一個人的差異性，而且輔導別人踏上「他自己該走的路」。想必柳居士的輔導經驗

非常豐富，從「失敗」到「成功」；從剛開始的「有我」提升到後來的「無我」、「合一」，最後終於能輔導一個人真正「找到自己」！讚啊！

另外，柳居士能耐心聽別人講他的人生故事，然後從對方的故事中，幫對方找到他最大的特長，進而鼓勵對方踏上自己的夢想之路，於是他便能「找回自己」！

另外，從柳居士成功經驗的過程中，我看見柳居士的「慈悲」與「度量」，沒有「慈悲」如何會有耐性聽別人「講冗長的人生故事」？沒有「度量」又如何會願意布施這麼多的時間聽別人講故事？這不是普通人能做得到的！筆者由衷讚嘆！他真的是一位很棒的「輔導師」！他可謂是「天生的「擺度人」」！

再者，我很喜歡柳居士所說的：「光暈效應」。的確，一件事情做對了，信心就回來了，於是其他事情也容易跟著做對了！所以輔導人，最重要的就是幫他「找回自己」！筆者非常喜歡柳居士的這種輔導方式，這不僅是在「助人」，而且還是「救人」！是「**從根救起**」！功德無量啊！

我們講話不是講自己想聽的，而是要講對方有興趣聽的，或者是他當下所需要的。

筆者心得

這也是一種「無我」的體現，但是想要達到此等境界，必須「資料庫」夠大，才有這種本事！否則縱然我們知道對方想聽什麼，可是我們的「資料庫」調不出任何資料，則又奈何？柳居士講得出這一句話，想必他的「資料庫」一定很大！令人佩服！

邁可羅區格西說：「如果你沒有時間，那就去幫別人帶小孩。因為只有你布施了時間出去，才能得到時間。」

筆者心得

　　想得到什麼就得先布施什麼！常常覺得沒有時間的人，就要多布施時間。

人生有三件事，一是老天爺的事，二是別人的事，三是我的事。如果有一件事困擾了我們，那就開始想，這是屬於上面三者當中的哪一個？如果是「老天爺的事」，那也只能放下！如果是「別人的事」，那就考慮一下，有辦法溝通協議嗎？倘若沒有辦法，那就不要再自尋煩惱，隨它去吧！反之，如果有轉圜的餘地，那就花點腦筋去設法處理。如果是「我的事」，那又分成兩種，一種是「可以解決的」，一種是「無法解決的」。如果事情是「無法解決的」，那鬱鬱寡歡又有何幫助？還是盡快放下吧！如果事情是「可以解決的」，那我們就沒有必要愁眉苦臉，趕緊設法解決即是。總之，不管事情如何，都要讓自己的心情保持「平靜」、保持「淡喜淡悲」。

不好的「發生」也許就是上蒼為了要救我們！我們應該感恩啊！

曾經有一個人學佛學了很久，但沒有大富大貴，所以他就跟佛菩薩抱怨一堆！一天晚上，他夢見菩薩跟他說：「我怎會沒有保佑你？有一次你在停紅燈的地方，突然熄火，那是因為如果不熄火，你將會發生一場嚴重的意外事故。」

筆者心得

今日的「小傷」，可能就是菩薩讓我「重罪輕受」，我可能原本會在某個意外事故中，發生重大傷害，但是菩薩已經幫我減輕傷害了！

筆者曾經聽過這樣的一段話～「不管我走到哪裡，我都有能力看到『美』，無論我遇到任何事情，我都有辦法讓我的第一個情緒反應產生『感恩』！」多美的一句話啊！筆者覺得這也是一段價值連城的智慧語！另外有句話這麼說：「不管我們遇上任何人事物，都是我們本來就應該遇上的、都是最好的「發生」！」在這兩段

話當中，筆者有這樣一段心得～只管努力做好自己，至於「別人的事」，就不要煩惱太多，「隨他去」吧！要就來，不要就罷了！我已經盡力便能心安理得！當然在「付出」與「收穫」之間，自己要取得一個「平衡點」，倘若「苗頭不對」，就要適度踩「煞車」，以免「失衡」！簡單講，我們不能過於善良，必須設一個「停損點」，才不會讓自己肝腸寸斷！這是會要人命的！

不要招「魔」，要招「神」。「魔」是人類情緒中的「貪、瞋、痴、慢、疑、嫉妒」。「神」是人性中的「真、善、美」。我們必須不斷地招「神」，才有辦法開顯人人本具的「神性」。

筆者心得

　　據筆者觀察：「人不是無法成佛，而是自己不想成佛！」明知「不好的情緒」無法開顯佛性，可是我們卻常常任憑自己「不好的情緒」不斷地「擴張版圖」！終致「回家之路」路迢迢！讓我們好好努力，盡快「把心帶回家」！察覺「不佳情緒」的速度要快，一旦察覺了，就要趕緊「懸崖勒馬」！萬一煞不住，趕緊設法「沉澱情緒」（例如：運動或散步都是不錯的方式）。筆者慣用的方式是先「靜心」，如果靜不下來，那我就用「念佛菩薩聖號」的方式，便能很快地安然度過。

　　《菜根譚》裡有一句話說得好：「念頭起處，才覺向慾路上去，便挽從理路上來。一起便覺，一覺便轉，此是轉禍為福、起死回生的關頭，切莫輕易放過。」

《心經》說：「五蘊皆空，度一切苦厄。」負面的情緒就是「五蘊」的作用，我們如果沒有立即警覺不好的念頭，則立馬成為「五蘊」的「階下囚」，於是「一切苦厄」全到位！

　　倘若控制不住情緒，也要放過自己，朝不斷改善的路前進就可以了！否則一定會放棄向上的路！

只要能把心靜下來，每個人都可以成為自己的「輔導師」。

筆者心得

　　是啊！佛陀開悟的時候，說了這樣一句話：「**奇哉！奇哉！眾生皆具如來智慧德相，但以妄想執著不能證得。若離妄想 ，一切智、自然智 ，即得現前。**」從佛陀的這句話，便知柳居士的這句話很有道理~「只要能把心靜下來，每個人都可以成為自己的輔導師」。心若能靜下來，便能離開「妄想執著」，於是智慧自動現前，然後「煩惱的出口」就看到了！

　　英文有句名言：「Follow your bliss, and the universe will open doors for you where there were only walls.」（跟隨著內心的喜悅，宇宙將會在「四周都是牆壁的地方」，幫你開門。）筆者以文學的角度，將此段「智慧語」「加油添醋」改寫成「Follow your inner peace, and the universe will open up a secret path for you where there were only walls covered with many thorns.」（跟隨著內心的「平靜與祥和」，宇

宙將會在「四周都「布滿荊棘」的圍牆之處」，為你開闢一條「祕密通道」。）此處「布滿荊棘」暗喻著「煩惱叢生」；「祕密通道」是帶領我們通往「神性」的路。

簡言之，**開啟智慧之門的「鑰匙」就是「寧靜」**。

柳居士說故事

在魏國的時候，魏文侯曾經這樣問過扁鵲，說「扁鵲啊，聽說你三兄弟都精於醫術，那你們三兄弟誰的醫術最屬害？」扁鵲說：「我大哥最屬害，二哥差些，我是最差的一個。」魏王不解，扁鵲解釋道：「大哥治病是在那病未發作（未病）的時候，只要有一點病的苗頭，剛剛有病的徵兆，就把它剷滅掉，消除病根，把病都預防了，而那人根本不知道自己有病，所以大哥沒什麼名氣，只有我們一家人知道他的屬害，他擅長的是「預防勝於治療」。二哥治病，是在病初起之時，也就是「防微杜漸」，有點小痛小熱，就趕緊處理掉，所以人們以為二哥只是治小病屬害。我治病，都是在病情十分嚴重之時，針灸、放血、以毒攻毒、大動手術等，大刀闊斧之下，使病情得到緩解或治癒，所以我名聞天下。其實，比起我大哥和二哥來，我的醫術是最差的。」所以，醫術最高明的醫生並不是擅長治病的人，而是能夠預防疾病的人。

筆者心得

　　這個故事讓我聯想到～每個人都很害怕「厄運的折磨」，可是卻少有人能在，厄運還沒形成之前就先「煞車」，也就是在「念頭起處」下功夫！

　　最厲害的人，是在「念頭起處」就趕緊「懸崖勒馬」！這就是所謂的「預防勝於治療」。（扁鵲大哥的治療方式）

　　次一等的人，是已經造罪了，但是自知不對，起了悔心，於是趕緊設法彌補自己的過失，於是「重罪輕受」，這也非常不簡單！也就是所謂的「防微杜漸」。（扁鵲二哥的治療方式）

　　再更沒有覺性的人，最後只能被厄運折磨，折磨完畢業障才會消除！這是最痛苦的治療方式---「開刀」或「化療」。（扁鵲的治療方式）

當我們輔導一個人的時候，不能將對方視為「受害者」，應該引導他產生「同理心」、「懺悔心」，也就是說，過去生他一定也讓別人「受傷」，所以此生他才會如此受苦！畢竟「每一個人事物都是你注定該遇見的」！

講話不是只有講給「案主」聽，也要講給他的「冤親債主」聽，這樣才有辦法「平息眾怨」！「個案」本身如果沒有同理心、懺悔心，「冤親債主」如何願意放過他，於是人生如何得以翻轉？

筆者心得

講得太好了！實在是非常有道理，這是一種慈悲的做法！我們如果能得到冤親債主的諒解，命運自然會有轉機，人生之路自然會平坦許多！

有些人修行學佛多年，可是卻沒有因為這樣而飛黃騰達，於是心生怨言。其實不是菩薩沒有幫忙，而是幫之於無形（例如：前面提到有人在紅燈處，摩托車突然熄火）。

另外，有些「修行人再來」注定要被磨得半死！如果不這樣，他無法成就未來「利益眾生的大業」！所以上蒼必須動心忍性，讓他歷經各種苦難的折騰，方能成就「菩薩行」，例如夢參長老、虛雲老和尚與廣欽老和尚等大修行人。

其實無論再怎麼痛苦，只要我們能堅持善良、保持正念，佛菩薩與護法善神看在眼裡都會明白，他們一定都還是在我們左右的！

筆者心得

這讓筆者想起一個真實的故事～

有一個人無意中找到一個快羽化成蝶的蝶蛹。當小蝴蝶要破蛹而出的時候，他很認真的觀察，看到裡面的蝴蝶用它的身體掙扎著，牠想要從小孔裡掙脫出來，破

蛹的速度非常慢，牠好像要用盡全身的力氣才能出來。善良的他想幫助牠早點破蛹而出，所以找來一把剪刀將蛹剪開。果然，蝴蝶很容易的就從蛹裡出來了。他小心地把蝴蝶拿出來放在旁邊，期待著小蝴蝶慢慢飛起來。可惜事與願違，小蝴蝶托著肥腫的身體和細弱的翅膀，在地上爬著爬著……，可是卻飛不起來，最後慢慢地死掉了！原來，大自然有著很奇妙的設計，蝴蝶必須自力掙扎出來，經過這個過程，蝴蝶才可以將身體裡的體液壓進牠的翅膀裡，於是牠的翅膀才會有力氣飛行。自然界的設計真的是很奇妙，原來蝴蝶掙扎破蛹而出的歷練，是為了鍛鍊將來飛行的能力，那個掙扎的痛苦只不過是「一時」的，一旦通過了，「禮物」就降降臨了！**宇宙不是要折磨你。其實「破蛹的掙扎」是為了給你一雙「美麗的翅膀」。**

種「好的種子」，就是最好的「保險」，因為它能讓我們逢凶化吉！有誰能保證自己一生平順沒有逆境？一旦逆境現前，能幫我們度過的是「貴人」，所以「廣結善緣」就是最好的「保單」！許文龍、郭台銘與李嘉誠之所以能有今日的成功，也都是因為有得到「貴人」的相助！要有貴人相助，先要成為別人的貴人，貴人是「種」出來的！這就是因果律。

無論做任何事情，內心沒有過去與未來，專注當下，不擔憂、不恐懼、全力以赴，其他的就交給老天爺決定了！

別人演講時，你去當聽眾、去支持，則有一天換你演講時，你就有聽眾了！

心要「開」就要「空」，空掉什麼？空掉情緒、抱怨、比較、批判⋯⋯，也就是空掉「貪、瞋、痴、慢、疑、嫉妒」。

筆者心得

「貪瞋痴慢疑嫉妒」都是很難空掉的東西，如果我們還做得不好，也不要太苛責自己，因為正常嘛！筆者自己也還在努力中啊！但是目標是不變的！如果情緒又波動了，筆者提供一些方法給大家參考，例如：深呼吸、泡澡、按摩、散步、聽音樂、看日出或日落、睡覺、畫畫或塗鴉、居家整理、接近大自然⋯⋯等等。

人的一生並非為了「名、權、利」，而是為了提昇自己、為了「善了一切因緣」！輪迴的目的是為了還一切債、報一切恩！於是我們就能對得起自己了！原諒過去生的你、愛過去生的你，跟過去生的你說聲：「對不起！我愛你！請你原諒我！謝謝你！」

筆者心得

　　說得好啊！該還的就甘願還，而且多還一點！該報恩的就多報一點！且讓我們在此生結束時，都能帶著「安心」、「祥和」與「平靜」離開這個世界吧！☺

存領理論：

此理論就是「業力」與「因果論」的綜合論點。

戶頭裡有錢，我們才領得到錢，反之我們是領不到錢的。「錢」若換成「因果」的角度來看，錢可視為是一種「福分」或「功德」。累世如果沒有做善事，哪來的福分與功德？今生又如何能展現順境？「業力」的追討就像「負債」與「還債」。如何解除債務？其一是戶頭裡有錢、其二是努力去賺錢還債，如果兩件事都不做，則債主將不斷找你麻煩。若有錢還債，則能「大事化小」。

「福分」是「三種布施」（財布施、法布施、無畏布施）。「功德」是「度人」，也就是幫助別人走向「道命」（提升智慧與悟境，進而離苦得樂）。一個人如果沒有不斷去幫助別人提升智慧，那他想要「開悟」是不可能的！

因果中除了「錢債」之外，還有「情債」、「病債」、「命債」……等等，這種種的「債務」就是「逆境」的由來。所以如果我們想要「人生順遂」就要多存款，在戶頭裡多存些「福報」與「功德」吧！

簡言之，「存領裡論」就是要多存少領、多造福少造孽、多積德少敗德。整體「存領裡論」之架構也是「成佛之路」的進程，只有這樣做，我們方能達到自在、無罣礙的境界！**我們人生共同的最大目標就是～「消業、了債、積德、報恩、度人、乘願再來、究竟圓滿」。**

筆者心得

筆者想要在自己的「戶頭」裡，多多儲存以下這些「福」與「德」！---「布施」、「自律」、「和諧／祥和／和平」、「積極學習」、「穩定」、「智慧」、「護持慈善團體」、「感恩」、「孝順並關懷父母」、「恭敬師長」、「友愛手足」、「幫助同事」、「幫助弱小」、「幫助別人脫離貧困」、「關懷老人」、「散播快樂」、「帶給別人幸福的感覺」、「合一（沒有對立、衝突）」、「助人恢復健康」、「度人離苦得樂」、「幫助別人學習」、「協助別人提升悟性」、「臨終關懷」、「保護生態環境」、「吃素救地球」與「保護野生動物」……等等！～共勉之～

修行人與社會格格不入是正常的，因為此世間本來就是「顛倒」。

　　「攻擊」是最好的「防衛」，在「逆時空」的旋轉裡，我們的「正旋轉」正是別人的「逆旋轉」，所以格格不入、被攻擊是正常的！倘若不得已只好暫時「保持一點安全距離」，但是莫要憤世嫉俗、莫要升起「對立」之心！我們唯一能做的只有「諒解」，才不會徒增彼此的困擾。但行好事，莫問前程。我們應當在「不同流合污」之餘，還要「接納」與「體諒」每一個人的「無奈」！畢竟「萬法歸一」，所以只有「合光同塵」（合一／與大眾連結）才有因緣「兼善天下」而非「獨善其身」。

每個人所該受的「苦」都是「定量」的，所以「吃了這個苦，就不用吃那個苦！」例如：有人上班的路途很遙遠，而且因為沒有停車位，所以他只能騎摩托車，表面上看起來，他上班實在很辛苦、很花時間，可是上蒼一定會幫他減少其他本該受的苦。「自取其辱」與「自取其苦」能幫助我們更快化掉苦難！

我們常常遇到一些向我們乞討的乞丐或出家人，很多人都不想理會他們，因為覺得他們都是「假的」！其實，無論我們肯不肯布施都對。重點是我們當下布施的那個「感覺」與「心念」，如果是「真心」，則能種下「善緣」。

「好種子歸好種子，壞種子歸壞種子」，所以對我們好的人，也可能對我們壞；對我們壞的人，也可能對我們好。他們其實都只是執行任務的「使者」，「使者」沒有好壞之別！有差別的是我們自己的「善惡業力」。有時候我們接觸的人太少，那麼他們必須同時扮演好人與壞人，因為他們被賦予兩項任務，否則我們的業力無法化掉！執行雙向任務的人，常會讓我們愛恨交加，或是根本不敢恨，就算恨也恨得很痛苦！

　　「傷害我們的人居然是我們最愛的人」，這是一個很難的劇本、是一個很大的課題、一個高難度的劇本，如果能穿越這個難度，生命將會獲得很大的能量，很多事情就會容易看得順眼，這是靈魂的一大解脫！

　　解開這種痛苦的辦法是：

1. 我們必須大量接觸人，於是每個人只須執行「單項任務」。

2. 我們必須要能夠接受自己的不完美，當接受了自己的不完美時，外在的劇本就會開始改變，就不會有此兩難的劇本。因為我們如果不斷「攻打」

自己，外境就一定會不斷「攻打」我們！只有當我們放過自己時，外境才會放過我們！於是就能脫離這種「善惡的糾葛」。讓世界恢復正常運作～「白天只是白天、黑夜只是黑夜，不要重疊」～則事情就會變單純了！

3. 案主對事情的批判不要用「二分法」，善惡太分明，容易產生憤世嫉俗，於是容易招感這種「善惡糾結」之苦！其實，除了善惡之外，還有一個「模糊地帶」，優點的背後藏著缺點，缺點的背後也藏有優點，所以不要凡事都「二分法」！

4. 常常要隨喜自己的優點、讚嘆自己的長處、多愛自己、肯定自己，才能停止對自我的批判！我們若能隨喜自己的優點，就更容易看到別人的長處，於是別人也會更肯定我們，那麼修理我們的人就會愈來愈少！如果「自我批判」減少了，「生命能量」自動會大大提升！**與其大量補充能量倒不如去發現自己內耗了什麼能量！**很多人常常到處上很多補充「正能量」的課程，可是如

果他依然無法停止「自我否定」，則他「流失能量」的速度，將會比「補充能量」的速度還要快！

筆者心得

柳居士講的話似乎很有道理，筆者有位朋友，人滿善良的，他「嚴以律己、寬以待人」，可是卻有「二分法」的毛病，所以會「憤世嫉俗」。另外，因為他自我要求很高，所以對自己始終不滿意！結果他的確有這樣的煩惱～常常被他「最愛的人」傷得很重！痛苦到人仰馬翻！完全符合了柳居士所言！後來他找上了柳居士，經由柳居士的輔導後，他逐漸「找到自己」、「看到自己」，進而能自我肯定，於是這種情況就逐漸改善了！實在是很不可思議！

如果我們對自己批判嚴屬、自我要求很高，則周遭的人常常會「配合演出」！他們自然會對我們的要求也比較嚴屬！如果我們「擺爛」，則周遭的人也一定不會對我們有所期望！因此，如果我們放過自己，則外境自然就會放過我們！不過，如果是「擺爛」的人，那就得對自我的要求多一點！這樣旁邊的人，才會樂意伸出援手拉我們一把！

人為什麼會健忘？因為曾經失去太多所致！這必須處理掉「印痕」才能逐漸恢復！

筆者心得

柳居士所言好像是真的！筆者有一位好友，人滿單純善良的，他對人性這個區塊幾乎不太瞭解，所以他常常受傷、受委屈，也失去很多很多……！哭到肝腸寸斷！後來我鼓勵他去上一些坊間很好的正向課程，他終於比較看開了。我進一步介紹他認識了柳居士，在柳居士的輔導下，不但，他的印痕得以一一處裡掉，而且最後還能「找到自己的存在價值」！最近他跟筆者說：「我現在不但心情改善許多，很意外地，我的記憶力也恢復很多，我已經很少有健忘的現象了！我真的不敢相信這會是事實！真的好感恩！好感恩！」太棒了！筆者為他感到十分開心！

不要處處想贏，否則有一天會敗得一塌糊塗！我們不可能永遠得第一名，因為「人外有人、天外有天」，我們不可能在各方面都得第一！贏是一種「定數」，既然我們不可能處處都贏，所以反而某些地方要輸。有些人喜歡玩電腦遊戲，贏得很開心，結果他在學業或工作上就輸得很慘！有些人在家裡當「王」，結果在外面卻常常都輸了！

「考運」常常決定一個人考試的輸贏，而「考運」是「上蒼」決定的，但其實「考運」就是自己曾經所種下的「因」。所以排名第一未必實力就是最強的，因此我們不要在「名次」上爭高下，一切盡本分就好！

筆者心得

筆者有位好友，他在家裡輸給了每一個人，結果他在事業上的表現出奇的好！既然贏有其「定數」，所以我們還是盡量選擇在「最重要的地方」才贏，其他「不重要的地方」就盡量多輸一點吧！尤其是與家人的關係，少贏一點，則「家庭和諧」就多一點，何樂不為？

輔導別人必須要能與對方「合一」，當「頻率」相同時，「共振效應」才會強！於是效果才會出得來！倘若沒有合一，則案主會產生一種對立或卑微的感覺，那我們講的話就很難入對方的心！

　　我們必須透過「對話」來「整理」自己！我們要從對方講的故事當中，努力去「同理」，然後設身處地去思維～如果同樣的事發生在自己身上，那我們會以何種方式來穿越這個困境？此時我們講的話，其實是講給自己聽，不管對方是否聽進去了，我們自己必定會從當中得到許多成長！因為自己又彷彿歷經了一個「重挫」，而且還從挫敗中站了起來！此時自己的「生命能量」又會比以前強大了許多！

筆者心得

　　柳居士所言甚是！他輔導過筆者，當他輔導我的時候，他讓我覺得我跟他就像「一個人」，結果「共振效應」幾乎達「百分百」，最後他成功輔導我「突破重圍」，走出人生的陰霾！

這也就是為何，筆者至於今還繼續在上他的課，從不蹺課！因為如果不懂得珍惜與把握當下「千載難逢」的機緣，當「無常」到來時，恐怕就只會剩下「悔不當初」！筆者但願此生終了時，能帶走最多的「福」與「慧」！

　　另外，這也就是為何我今日會將柳居士所說過的「智慧語」全部都整理出來，因為筆者期望能將柳居士的這些「智慧結晶」分享給世人，讓更多「痛苦的靈魂」得到解脫！我想，這大概就是我回饋柳居士的最佳方式！於是我願足矣！

當我們內心愈來愈強大時，外境的波動就影響不了我們！就像虛雲老和尚，他的德行與胸懷大到沒有人殺得了他！因為他的內心就像「獅子」，外境的「百獸」自然是各個都「俯首貼耳」！故曰：「三軍可奪其帥，不可奪其志！」又曰：「自反而縮，雖千萬人吾往矣！」這是一種「空」的境界，空則「無我」，「無我」則「無敵」！

曾經有一位李根源將軍到處毀佛、滅佛、逮捕和尚，當時虛雲老和尚很有名氣，所以他最想要　捕虛老，結果虛老隻身前往將軍府，所有徒弟與信眾沒人攔得住他！未料老和尚不但成功說服李將軍停止所有瘋狂的行徑，而且還感動了李將軍，讓他成為佛教界的「大護法」！

虛雲老和尚因為內心很平靜、很淡定，沒有絲毫執著與罣礙，所以能看到問題的解決之道，因此能不畏生死！所以世間沒有任何力量動搖得了「空」！

反之，我們的心中若有「執著」，就會有「弱點」，有弱點就會喪失勇氣，於是「心」就不再是「獅

子」，所以無法成為「外境」的「王」，反成了「奴隸」！

老子說：「人之大患，在吾有身。」人這個身體挺麻煩的，要吃飯、要排泄、要睡覺、要沐浴、要運動、要保養、要舒適……等等，這些基本欲望如果得不到滿足，就會很痛苦，實在是有夠麻煩！

筆者補充

其實，「人之大患」尚不止於此，據筆者觀察自己與他人，眾生還有下面七種大煩惱：

1. 「貪心之苦」：人們常常會因為無知，故短視近利，更甚者貪贓枉法，最後一定是引火自焚、自討苦吃！因為善惡到頭終有報，人無遠慮必有近憂！何苦？

2. 「瞋心之苦」：人可以克服萬難，登上月球，卻無法征服自己的煩惱；人可以成為三軍的統帥，卻無法成為自己的「主人」！看看世人，脾氣失控者比比皆是，而脾氣一旦失控，則傷人又傷

己，有時還會造成不可彌補之終生憾，最後懊悔的還是自己，何苦？

3.「批判之苦」（愚痴之苦）：別人一個小小的過失，我們都會看得清清楚楚、明明白白，可是卻看不到自己很大的缺點。平時眼睛所見，都是在批判他人的是非對錯，卻從來不曾好好的內觀。這樣的方式，其實不只會增加人際間的「對立」，也會增加自己的「業力」！何苦？

4.「傲慢之苦」

5.「自卑之苦」

6.「嫉妒之苦」

以上這三種苦是一體的！「傲慢」的另一面就是「自卑」，所以自傲者必自卑，自卑者必自傲，自卑者必嫉妒！

因此「傲慢」不除，「自卑之苦」與「嫉妒之苦」一定伴隨！

而傲慢的源頭就是「比較」與「分別」，人不可能在各個領域都得第一，所以「比較、分別」只是在自尋

煩惱並增加「對立」與「分裂」！何苦？

7.「懷疑之苦」～現今之社會處處是陷阱，所以適度的警覺與懷疑也是必要的，否則如何能保護自己免於「詐騙集團」與「基金盤」等之傷害？此處所謂的「懷疑之苦」，指的是「過度懷疑」所帶來的「不安之苦」。其中「懷疑自己／否定自己」是最痛苦的！一個人一旦喪失自信，他就會找不到自己的價值感，於是鬱鬱寡歡，有些人自暴自棄，甚至踏上自我毀滅一途；有些人誤入歧途，甚至做出傷天害理的事情！另外，我們一旦喪失自信，則如何能相信自己亦有「神性」？如果看不到自己的「神性」，則很多煩惱都將難以出離！何苦？

總結

「人之大患」除了色身的「基本慾望」之苦外，還有「貪、瞋、痴、慢、疑、嫉妒」等大苦！所以當煩惱起來的時候，我們當往內觀，看清楚自己煩惱的「根

源」是屬於何者，才有辦法進一步提昇自己的心靈高度，進而走出生命的「囚牢」！

吳淡如說：「你生活的一切都是租來的，沒有一樣是你的，其實你從來未曾擁有過什麼。」這句話道盡世間的一切「幻象」，雖然一切都是虛妄，但是無妨「藉假修真」，所謂：「宴坐水月道場，降伏鏡裡魔軍，大作夢中佛事，廣度如幻眾生。」所有的講經說法無非是遊戲三昧，哪裡真有眾生可度？哪裡真有佛、佛法與魔軍？換句話說，修行人只是在做「自己應該做的事」、「領受自己應該受的苦」，如此而已！並非只有坐禪、說法才叫做修行度眾。

筆者補充

「宴作」的意思是～菩薩沒有離開正法也沒有離開禪定，繼續做他所有該做的事。

我們要不斷地「拜師」，但是也不要忘了自己也可以成為他人或自己的老師。

　　前者是「無我慢」之心，才能看見自己的「不足」，則能不斷地學習與提升；

　　後者是「無自卑」之心，才能發現自己的「美好」，則能找到自己的價值。

　　「不卑不亢」乃中庸之道！

累世的種子與現世的種子之「時間差」，才是真正現在真實呈現的結果。前後兩者的種子，他們開花的時間點並不會一致，所以造成我們覺得「做善事無效、做惡事無懲」的虛幻現象。

筆者心得

所謂「善有善報，不是不報，時候未到。」我們一定要確信～老天爺一定是公平的！我們儘管「堅持善良」，其他的就交給上天了！

我們都很期望自己未來的另一半是完美的，但是我們得先問問自己是否完美？夫妻「質量相當」，我們如果是60分，則只有60分的人會與我們相應，我們如果想要另一半是100分，則自己必須先提升到100分。與其一直想要嫁個好郎君，倒不如一直將自己的層級往上拉！自己沒有100分，如何配擁有100分的另一半？默默耕耘的階段非常重要，只要持續努力則「實力」必然節節上升，於是自信心不斷增強，此時自然能吸引實力相當的另一半！

筆者心得

　　筆者有一位好友，她打從大學時代就拒絕任何男性朋友的追求，她從來不會擔心自己未來是否會有理想的對象！她只是默默地努力讀書、默默地行善布施、默默地不斷在品格上自我提升，根本沒有時間交男朋友！結果在婚嫁之年，在朋友的介紹下，嫁給了一位世俗眼光認為頗優秀的男性，婚後當然也很不錯。可見我們只須要努力「把自己準備好」，其他的交給老天爺就可以了！

「佛魔同道」。有多大的「破壞力」就有多大的「建設力」。能做出「極壞」事情的人，就有能力做出「極好」的事情來！一個「極惡」的人，如果能遇上生命中的貴人，他就有機會翻轉成「極好」之人！佛與魔這兩種能量的強度是一樣的。

筆者心得

筆者有一位非常好的朋友，他的兒子曾經讓她痛苦到心臟病發緊急送醫急救！她幾乎對兒子已經不抱任何希望！可是後來這個兒子遇上貴人之後，立刻翻轉成一位令她驕傲的兒子！

柳居士的商業理念：

1. 人無我有：別人沒有的特色或東西，我有！

2. 人有我優：我的東西別人也有，但是我的比較好！

3. 人優我廉：別人的東西也很優良，但是我的比他的便宜！

4. 人廉我快：別人的東西也是又好又便宜，但是我送貨的速度與態度更快更好！

為何有些人易於產生恐慌的情緒？那是因為他曾經散播恐懼給別人時，所種下的「恐慌種子」。

- 轉傳一些會讓人擔憂害怕的訊息或影片，像「災難的預言」、「災難片」、「恐怖片」……等，就是在種恐慌的種子。

- 業務員推銷產品時，讓顧客因為「恐懼」而買下產品，也是在散播恐懼！

- 老師對學生，或家長對孩子訓話時，若帶有恐嚇的語言，一樣是在種「恐慌」的種子。

- 父母處罰小孩的「手段／方式」，如果會讓孩子產生驚慌或擔憂的情緒，則父母會種下讓自己產生恐懼與擔憂的種子。

如果不停止這些行為，有朝一日「種子成熟發芽」，則擔憂與恐慌的情緒必會駕臨在自己身上！

反過來，我們要種「讓人安心」的種子，傳一些讓人有安定感和感受美好的影片與文章。另外，也可以種一些「健康」的種子，例如轉傳一些養生、護生的影片等。

筆者心得

　　筆者有位朋友因為從小就不太乖，所以他父親經常恐嚇他要找警察來抓他！結果造成這位朋友從小就惡夢不斷，老是夢見爸爸找警察來抓他，他經常在半夜驚醒哭泣！這個惡夢持續到四十幾歲才終於結束，實在是有點慘！再看看他父親的個性，雖然是個「大男人」主義者，理論上應該是要很強！可是他卻非常易於焦慮、恐慌，遇事很難處變不驚，無法淡定地去面對困難，晚年還為憂鬱症所苦！所以「因果」實在很「誠實」啊！

柳居士講笑話：「努力不一定會成功，但是不努力一定很舒服喔！」

筆者心得

哈哈哈！好像很有道理！可是這種「舒服」所換來的結果一定是「不快樂」，甚至會有罪惡感，最後一定導致「自食惡果」！

父母對孩子常常因為恨鐵不成鋼，所以打罵得很凶！孩子也會因而變得性格叛逆，完全不能理解父母的愛！有些孩子變得很頹廢，為的只是想要報復！可是這種報復的方式，最後換來的是兩敗俱傷，大家都很痛苦！有些人甚至還把所有的錯全怪到父母的身上，然後一直都無法走出這個「生命的陷阱」！其實一直讓自己「難以原諒」的那個人，常常都是我們最愛的人，因為只有那位「我們最愛的人」才有辦法把我們傷得很重！我們不愛的人又怎會傷得了我們呢？如果要解開這個「結」，必須努力且不斷地去放大父母的優點、忽略他們的缺點！每天都要感恩父母所有曾經對我們點點滴滴的「好」，而且要放大這個「好」，甚至放大到讓自己感激涕零為止！然後就會漸漸溶解雙方如冰山一般的對立關係！

筆者心得

　　筆者認識一個朋友，他從小生長在一個家教十分嚴厲的家庭中，縱然他犯了一個小小的錯誤，也會被打

得很慘！如果白天父母忙沒時間打，半夜還會把他從睡夢中拖起來打，打到渾身是傷甚至流血！試想：他會不恨嗎？可是為了擺脫「恨」的痛苦，他每天反覆提醒自己～「爸爸是愛我的！媽媽也是愛我的！他們都是世界上最疼愛我的人！我愛爸爸！我愛媽媽！」然後他便能成功地轉化「傷心的淚水」成為「感恩的淚水」！他總是不斷地去放大父母的「好」！的確，他的父母當然真的很愛他！天下父母心，總是難免會過度嚴格，或要求很高！他瞭解父母是愛他的，所以他不斷地去忽略他們的缺點。我們來看看他人生的境遇，他擁有一個很「平靜、祥和」的家，可見上蒼是公平的，遲早老天爺都會還給大家一個公道！

聽柳居士講述一個真實的案例：

曾經我和一位朋友小劉，一起去上一個為期四天的課程，小劉第三天一大早就開溜回家了！回到家他才打電話給我，讓我知道真相。他說：「我上不下去了！我現在人已經在家裡了！因為我的組長處處打壓我，我受不了！其他組員倒是跟我很好，我講話他們都很喜歡聽！只有組長很討厭我！我認為他是因為嫉妒我比他強，所以才會排擠我、打壓我！」我聽完他的委屈之後，給了他如下的建言：

1. 你的委屈我可以理解，你的憤怒我也感同身受，如果我是你，我也一定會很生氣！但是請你冷靜下來，「換位思考」一下，如果你是那位組長，你會不會覺得自己很沒有「價值感」、很像「空氣」？我們必須去「同理」一下組長的感受與痛苦，此時你是否比較能諒解他那些不當的言辭與行為？

2. 既然「需要你的人」比「不需要你的人」多，那你就更應該回來幫大家的忙啊！我相信其他的組

員都會很高興看到你歸隊！

3. 我們如果沒有種下「半途而廢」的種子，則我們做事的「堅持力」就會很強，屬下做事的「持續力」也會很高！

4. 有一天你也會成為領導者，你也一定會有你的缺點，如果你希望你的屬下能包容你，那麼你現在就得先種下「慈悲」的種子！

5. 「戰勝別人」從來都不是重點，重點是你在這個當下能否「戰勝自己」？如果你能戰勝自己，那必定可以吸引很多人願意跟著你！你要不要藉由這個機會，回來完成「戰勝自己」的功課？

6. 因為你搶了領導者的光，所以才會被打壓，因此你要練習把光給別人！你應該要學會「補位」，只是「輔佐」並提拉組長的能力，但是「光」要給組長。

7. 你回來繼續上課，然後仔細看清楚組長的優缺，好好領悟、好好學習，作為修正自己的參考，然後帶回自己的公司，相信你可以把屬下帶得更

好！你的員工為何願意選擇留在你身邊？除了錢以外，一定還有其他因素，也就是老闆身上有某一個他喜歡的特質，如果沒有，則只要有人願意出更高的錢，就可以把他挖走！

8. 你若能回來穿越這個功課，則這些道理就會「立體化」，而非只是筆記本或書本裡的「文字」！你若能回來，以上這幾個「功課」，你全部一次解決！何樂不為？

9. 我問：你有沒有屬下因為很強，搶了你的光，於是被你打壓，最後他做不下去憤而離職？答：「有！」我說：你現在的這位組長就是過去的你！你更應該回來穿越它！如果你願意「歸隊」，那麼過去的那些「壞種子」將會全部「開完」！以後你的員工就不會半途離職，甚至連過去離職的員工都有可能願意「歸隊」！

10. 其他組員都很需要你！你若能回來，則能種下更多的「好種子」！你若不回來，別人得不到好處，而你自己也會損失！因為你將會繼續抱怨數

天，於是你不只損失了「一半的學費」，還種下了更多的「壞種子」！

11.本來「強將」就是要面對「招惹人忌」的功課，強者無論走到哪，都一定會被打壓！你無論走到哪，都一定會遇到一樣的問題！沒辦法「熊就是熊，熊永遠不會變綿羊」，所以你必須學會把光給出去！

12.本來「強者」就是要修「包容別人」的功課！不夠「強」無法包容得下他人的缺失！別人為何願意讓你領導？其一、因為你比他強，其二、你能包容他的不足之處。在我們生命成長的歷程當中，我們也是處處被包容過來的！如今「包容別人」，正好可以報答那些曾經包容過我們的人！莫將別人的好都當成是應該的，有機會我們也應該對別人好！

13.我不會勉強你一定要回來，但你自己要想好，你要不要挑戰自己一次？你要不要翻轉自己的人生？

當我跟他講完掛了電話之後，過了約10分鐘，他又打電話給我，說他會立刻歸隊並繼續把課上完！結果，最後小劉順利圓滿四天的課程！

筆者心得

從這個案例的處理當中，不難看出柳居士真的是一位天生的「擺渡人」，他先同理對方，與對方「合一」，進而引導案主也能同理別人、諒解別人！柳居士肯定案主在群組裡的重要性，並鼓勵他歸隊。接著又帶領案主「看見自己」，同時剖析「因果」與「利弊得失」，也鼓勵他回來「面對問題」，好讓「壞種子」開完，並多種「好種子」！最後激勵案主「戰勝自己」、「翻轉人生」！於是讓案主心甘情願，帶著喜悅的心情歸隊，終於穿越了「生命的陷阱」！終於「消業」、「轉業」又「增福慧」！聽他講完這個「故事」真的是令人振奮！同時也學到很多東西！

有些人看到乞丐多少都會捐點錢，但是大部分的人都視若無睹，原因是他們認為有很多乞丐都是假的。有些人看到有人賣「玉蘭花」都會買一點，但是大部分人都不會買。其實捐與不捐、買與不買都對，一切都是因緣！倘若捐錢或買花的當下，有一份「同理心」，則自然就種下了一個「善緣」的種子。以下是柳居士面對「乞丐與賣玉蘭花的人」時，所懷有的心念：

1. 同理不同情，因為「同理心」對彼此才有助益。

2. 把「賣玉蘭花」和「當乞丐」的人都當作是一種「行業」來看待，我們買或捐的當下，內心懷著一種「支持各行各業」的心情。今天我們自己無論做任何行業，我們一樣很期望有人來支持我們！今日，我們種下「支持別人」的種子，自然有朝一日會有人願意支持我們的行業。這就是一種「同理心」。

3. 不要把別人的行業當「可憐」！他賣玉蘭花是在賺錢，他一點都不可憐！你會覺得他可憐，是因為你害怕自己或自己的親人成為他！這其實是

「無法接受自己進入困境」的一種心情。千萬不可以可憐別人，否則對方會失去力量走出他的人生谷底，甚至你會把他害得更慘！因為對方可能會為了「討愛」，於是在潛意識中並不希望自己變好，最後「心想事成」，所以就變得更慘！

4. 「可憐別人」還會種下「可憐自己」的種子，有一天當自己的生命陷落時，我們也一定會覺得自己很可憐、很委屈，於是就會失去力量與自信，造成自己久久無法走出困境！倘若我們不會同情自己，我們就不會掉淚！也不會有「冤枉、委屈、怨天尤人……」等多餘的情緒，這樣我們才會有力量與自信可以揮別一切的痛苦與煩惱！

5. 沒有可憐這件事，一切都是「剛剛好」！無論成功或失敗都是「剛剛好」！所以要「淡喜淡悲」！雖然他看似可憐，其實他只是在做「因果的平衡」，他本應如此、剛剛好而已！這輩子不還，下輩子也是要還，而且除了本金之外還要再追加利息，所以將必須還得更多！因此，倒不如

現在趕緊還完，下輩子就好過多了！

6. 對方雖然目前正在承受著業力的折磨，但是他也正在消業、正在累積能量，準備有一天（也許今生，也許來世）東山再起！所以受苦受難的人一點都不可憐！

7. 吃苦才有機會翻身。吃苦除了精神上的痛苦之外，還包括：苦力的工作、較底層的工作……等。

8. 有人找我們訴苦到痛哭流涕，我們也許會因為心疼而跟著哭，沒關係！哭完還是要停止同情，然後繼續陪他走過一切！

9. 表面上看來乞丐好像一無是處，可是他其實是在散播「幸福感」給他人！他不斷地在提醒大家～「不必當乞丐的人，都真的非常幸福！」所以，我們應該將乞丐當作是「菩薩示現」！因為「乞丐」這個行業，又有誰願意做呢？所以，他們不是菩薩又是誰？

10. 縱然自己只剩下一點點生命，我們仍然還要利用

這一點點「微光」，去「照亮」別人！再苦、再難仍然要去幫助別人！只要我們還有一口氣在，我們就要讓「這一口氣」有一點價值！

筆者心得

想不到原來「心念／出發心」（「同情」與「同理」）的不同，所種下的「種子」會有如此的天壤之別！

筆者的妹妹正好是一個典型的例子，可以印證柳居士的所言甚是！舍妹是個天生心軟的人，她很愛哭，一點點感動就會哭！個性既善良又軟弱，她非常易於同情別人，常替別人感到痛苦，別人的苦惱都一定會變成舍妹的苦惱！她讓全家人都感到十分心疼與頭痛！她讓人我們頭疼之處並不是她不夠乖或叛逆，而是我們根本找不到方法來幫助她解脫這樣的痛苦？直到遇上柳居士，方知原來這就是因為她種下了太多「同情」的種子，所以當她自己生命陷落時，她幾乎沒有力量爬出來！

曾經她屢屢受到很大的委屈，可是她的個性很「內

吞」，只會自責與反省檢討，卻連恨都不敢恨、連抱怨都不敢抱怨！最後罹癌，她差點就放棄生命！搞到全家都愁雲慘霧！所幸她得遇柳居士的幫忙與輔導，終於解開她的「千年之痛」！這句話（千年之痛）講得一點都不誇張！因為我相信舍妹應該是過去生就有一樣的「習氣／個性」與「課題」，過去生尚未完成的「功課」，這一世注定還是會遇上同樣的「困境」！這一世她如果還是無法突破，縱然放棄生命、逃避痛苦，業障鐵定還是會繼續跟著她流轉到下一世！而輪迴轉世之後，她還是要再面對同樣的功課，直到他有能力穿越為止、直到他不再讓「同情心氾濫」為止！至其時，他才有辦法終結「靈魂」的痛苦！所以，筆者說～「她結束了一個千年之痛」！這句話一點都不誇張！柳居士可能至少幫我妹妹減少了「十世」的輪迴之苦！

　　從舍妹的身上，我體悟了一個道理～我們一個錯誤的個性、觀念或執著，往往會導致自己痛苦「千年」！倘若沒有福報遇上「貴人」提拉，我們甚至痛苦了萬年也不得翻身！可見「正確的知見／觀念」是多麼地重

要，光是一個「同情」與「同理」的不同，就有這麼大的差別，遑論其他更偏差的行為與觀念？所以「修行之路」、「慧命之路」真的是要非常謹慎，一步踏錯可能造成萬劫不復！故吾人於此「道命」之上，應當「如臨深淵、如履薄冰」般地小心呵護之！

筆者、舍妹與我們全家人都非常感恩柳居士救了舍妹一命，她現在身體已經逐漸康復，原來癌細胞與「心結」竟是如此息息相關～～原來「心」扭曲變形了，身體的細胞就會跟著扭曲變形；原來「心」打開了，糾結的細胞也跟著「鬆開」了；原來我們的心「放過」自己，那些癌細胞就會跟著「放過」我們！舍妹現在整個人的精神與體力已經不可同日而語！而且臉上展露出「無比自信的歡顏」！

另外我們全家人更感恩的是，柳居士救了舍妹的「慧命」！他終結了舍妹的「千年之痛」啊！

人必須要有能力輔導自己走出煩惱的陷阱，才有能力輔導別人出離「苦海」。救自己就是在救別人，而救別人也是在救自己！救自己可以累積救別人的實力，反之亦然。

一生順遂如意的人，常常都不知道如何幫助別人走出心中的陰霾，反而是那些歷經困頓與挫折，又沒有被逆境打敗的「強者」，特別有能力與智慧去拉別人一把！

筆者心得

倘若我們遇到過不去的人事物時，那我們當該如何調適自己呢？筆者綜合自己所學，將自己個人「自我輔導、自我鼓勵」的方式整理如下：

1.這一切都會成為過去！不要浪費太多「眼淚」！

2.這是上蒼送給我最佳的「禮物」～我相信這些際遇必定都是最好的安排！

上天是為了要提升我的生命能量，所以動心忍性！

3.有時候看似「損失」、看似「委屈」，但是只要我能無怨無悔地「接受」並以感恩與平靜的心「走過」（以「淡喜淡悲」的心情走過），則未來必有一個更豐厚的「禮物」等著我！

4.該是我的，誰也搶不走；不該是我的，強求也沒用！

5.我的「神性」雖然不比人高，但也不比人低！我相信我一定走得過！

6.讓我先休息一下、讓我的心靜一靜！只要能「把心帶回家」，就一定會遇見「更美好的自己」！

7.沒有過不去的難關，只有過不去的心！為了將來能幫助更多的人超越煩惱得到喜悅與平靜，我現在就得「過得去、挺得住」！

倘若以上的七個方法我都用遍了，結果我情緒還平靜不了，那就先用之前所提到的一些方式（泡澡、按摩、散步、爬山……）將情緒沉澱一下，等我比較冷靜後，再以上述的方法重複輔導自己！

聽聽柳居士說一個真實的輔導案例：

曾經有位阿姨跟我說：「我最討厭的人，就是那些不相信我的人，因為我沒有說謊啊！所以『別人不相信我』，對我而言是一種『恥辱』！因此我會很生氣，如果這個人是我的至親，我會直接對他發飆！」

「另外一個問題是～我不明白，為何我待人很好，可是卻反而被傷害，這是我最大的痛點！」

以下是我給她的分析與建議：

1. 別人無法相信你所言，是因為你「沒有跟自己和好」所致，其實別人所呈現的角色是我們自己，別人只是來幫助我們看見自己內心的「失衡點」，你沒有先誤解自己，別人就不會誤會你！你一生都在批判你自己，所以你會吸引你內心的「魔鬼」來批判你！這些人的出現，只是來提醒你要跟自己「和好」！好比方說：當你照鏡子的時候，看到鏡中人在哭泣，不要以為那是別人在哭，那是你自己在哭！（外境是你自己內心的投反射！）

2. 你現在必須做的就是，還給自己一個公道！自己要先跟內在合一，不要再批判自己！你內心的小女孩出走了，她回來好幾次，可是你容不下她！那位小女孩每次回來，都被你一次又一次的痛打，所以她只好一次又一次地「離家出走」！你打內心的那位小女孩，因此外境就會現出一個人來「鞭打」你！

3. 你必須先跟你自己和好！你必須跟內心的那位小女孩和解，要歡迎她回家、要原諒她、要愛她！好比癌細胞，當你用各種方法去殺死癌細胞的同時，自己也會受傷，如果你能用愛去包容癌細胞，它反而不會作怪，它會被你馴服，最後恢復成正常的細胞！不管你內心的那個小女孩是好、是壞，你都應該用愛去接納她、包容她，不要再批判她、攻擊她！更何況你內心的那個小女孩很善良！你何苦要對她如此殘酷？你對自己這麼殘酷，外境當然會對你很殘酷！因為外境就是你自己的「翻版」啊！這也完全符合「因果法則」～

「惡有惡報」啊！厂厂厂……

4. 要常問自己：「我誤解了自己什麼？」誤解之處就是「心錨」之處，也是一種「自我詛咒」！「心錨」不拔除，「生命之舟」永遠也無法自由航行！好不容易划出去一點點，很快就又回到原地，無論你怎麼用力划也划不出去！你若想把「心錨」拔除，就是要停止自我否定、自我批判、自我鄙視……！

5. 你必須跟自己和合、必須肯定自己的好！外境自然會跟你和合，並接納你的好、肯定你的好！外境沒有別人，你所看到的以及你所接觸到的人，全部都是你自己！因為外在的「現象」全部是自己內心的「投反射」！別人的言語和行為，都只是在展現你自己的「內心世界」而已！

6. 一般人是藉由修正自己才能肯定自己，可是阿姨你卻必須藉由「自我肯定」來「修正自己」！因為你不是不夠好，而是你自我要求太高，所以無法肯定與接納「已經很善良的自己」！從此刻開

始，你必須看到自己的每一個優點，而且一一去肯定、接納並讚嘆自己的這些優點！於是你的兩大困擾就自動會消失！就如同「照鏡子」，你若一身乾乾淨淨了，鏡子裡就會出現乾乾淨淨的你！反之，如果你一身髒兮兮，鏡子就會出現你髒兮兮的模樣！**這個世界只有我一個人，外境只是「一面鏡子」來幫助你「看見自己的模樣」（淨或不淨、好或不好）而已！**

這位阿姨在聽完我的分析之後，她終於恍然大悟，而且整個人頓感輕鬆起來，因為她終於不必再對「外境的一切」發脾氣或埋怨了！後來她開始努力地肯定、接納自己並大方地讚嘆自己、愛自己，同時也找到自己的存在價值，於是很快地便終結了她一輩子最大的「痛點」！

看到這位阿姨能「離苦得樂」，我內心真的有說不出的歡喜！

我現在必須「自我肯定」一下☞我救了這位阿姨的「靈魂」！我覺得我很棒！ㄏㄏㄏ！

其實，在我幫他拔去心錨的同時，我自己某些類似阿姨的心錨也同步拔除了！突然間我覺得自己的「生命能量」又增加了許多！這是一個意外的收穫，同時也印證了一句老話～「**在度人中度己、在度己中度人！**」所以，表面上看起來，是我在幫助阿姨解開一場「千年之痛」，可是實際上，我也化開了自己的「百年之痛」！我突然不知道～「到底是誰在幫誰」？

練習沉穩！處變不驚！方能在槍林彈雨中，還能沉穩地持續前進，這才是真正的強者！

筆者心得

　　如果要能做到「在槍林彈雨中還能沉穩前進」，必定是一位「淡喜淡悲」的行者！若非「空」、「無我」、「無著」的行者，遇上「槍林彈雨」恐已經手軟腳軟！盧雲老和尚、夢參長老、德蕾莎修女……等人就是這樣的「強者」！

　　前兩位聖者的偉大事蹟，柳居士前面已經都講過了！現在由筆者來補充德蕾莎修女的故事，讓我們再一次深度體驗強者「空、無我、無著」的精神！

　　話說～伊斯蘭教團體以貝魯特城西為營，敵對的是基督教民兵組織，他們則占據著貝魯特城東，整個城市槍林彈雨，煙硝彌漫。德蕾莎修女得知有一群兒童陷在交戰區，而當局卻束手無策，憂心如焚的德蕾莎修女，她決定衝越交火線，進入西貝魯特伊斯蘭教占領區，去解救那群被戰爭嚇壞了的可憐孩子們，她很堅決的說：

「我們絕對不跟政治掛勾，但是解救那些孩子絕對是我們的責任！」聽到德蕾莎修女決定要冒險去營救戰區裡的兒童，不管是貝魯特政府官員或教會職員，全部都極力反對，因為實在太危險了，戰火是絕不留情的！大家紛紛勸告：「這可不是您想的那麼容易！還是等戰火稍停再說吧！」、「有幾位傳教士最近才在貝魯特遇害！您還是別去吧！」……德蕾莎修女聽了大夥的勸言，不但絲毫不被嚇阻，反而更斬釘截鐵地說：「不管情勢再壞，這都是我們的責任，也是我們的義務！」她那滿布風霜的臉上，展現著無限的仁慈與無比的堅毅！畢竟她曾經冒過無數次的生命危險，營救了加爾各答街頭數以萬計的垂死病人，如果當初她不曾走出那第一步，冒險用自己的雙手去接觸那第一個垂死的窮人，她就不可能像今天這樣，感動了全世界這麼多的人。心意既定，第二天一早，德蕾莎修女就去找美國駐中東的特使菲力浦・哈比伯尋求幫助。菲力浦說：「Mother！您聽聽外面的槍砲聲！多危險啊！您絕對衝不過這麼激烈的戰火！」無論菲力浦重複警告了多少次，德蕾莎修女

還是很堅定地說：「怕危險我就不會來找你了，為了這些孩子的安全，我什麼都不怕！我也一直在祈求聖母保佑，祈禱這裡的戰火明天就停息！」最後菲力浦被德蕾莎修女的真誠所感動，終於鬆了口無奈地說：「不是我不相信您的祈禱……嗯！好吧！就這麼說定！如果明天真的停戰，那我一定設法幫您穿越交戰區！」我們暫且不探討德蕾莎修女的祈禱是否靈驗，神奇的是，第二天清晨的貝魯特果然平靜無事，沒有戰爭！德蕾莎修女的正義感與決心果真影響了黎巴嫩交戰雙方的軍事領袖，當雙方停戰令一宣布，德蕾莎修女馬上拉住當地紅十字會職員：「沙力士先生！請問哪裡最迫切需要幫助？」「唉！那三十七個智障兒和幾個留在醫院照顧孩子的員工，他們被困在一間快要倒塌的破醫院裡。」沙力士先生搖搖頭，嘆口氣說：「炮火不但震碎了醫院所有的窗子，四周牆上彈痕累累不說，還炸開了樓上兩層房子。」沙力士繼續報告：「醫院裡沒有水、沒有電、沒有糧食……！再沒有人去營救他們的話，這些生命鐵定要保不住了！」沙力士說著說著，眼眶就紅了！德蕾莎

修女聽後立刻趕往那家醫院去探視，並在國際紅十字會工作人員和醫院員工的幫助下，迅速搶救那些飽受驚嚇的兒童，將他們送上接運的專車。可憐的孩子們，有的已經受了傷，令人心酸的哭聲、呻吟聲、啜泣聲一路劃破靜寂的街道。德蕾莎修女盡快找到一處既安全又清潔的地方，將受驚的孩子們安頓好之後，德蕾莎修女不顧終日奔波的辛勞，馬上又轉身捲起衣袖，加入仁愛傳道會修女們的工作陣營，慈悲地為受傷的孩子們裹傷，面帶笑容地將驚恐受怕的孩子擁入懷中安撫、親吻。

「面臨任何不幸時，都要保持精神上的輕鬆愉快。」這是她在訓練修女們時一再強調的。望著懷裡這些狼狽不堪、無辜的小臉，德蕾莎好幾度感嘆的說：「我不懂！我真的不懂！同樣是上帝的孩子，為什麼他們要受到這樣的摧殘？」對德蕾莎修女來說，照顧饑餓、受傷或生病的孩子，並不是什麼新挑戰、新考驗，因為她過去經常在救助各種窮困的人，以及水災火災的受難人，但是在貝魯特的經歷和黎巴嫩的內戰，卻使德蕾莎修女第一次親眼目睹、第一次親身體驗到～人與人

互相殘殺的恐怖，和戰爭的殘酷與破壞力。

如何種「智慧」的種子？

1.法布施：告訴別人正確的觀念、知見與方法等。

2.助印聖者的書：例如佛經、聖經……等等。

3.善知識的傳遞：例如介紹別人看一些很有智慧的
　典籍或影片、帶領別人走上「慧命」之路、介紹
　別人去上一些「提升慧命」的課程……等等。

如何讓靈魂升級？簡單講就是「如何消業、轉業」？

1.主動吃向上的苦。

例如：(1)逼自己唸書考上好學校、(2)逼自己去健身房練出好身材、(3)在公司上班，我不但將分內的事做好，還主動找其他事來做（掃地、倒垃圾、幫同事跑腿……）(4)擔任義工……等等。

2.誦經、拜佛。

這樣的方式可以和佛菩薩連結，於是業障會逐漸減輕。

3.增加好習慣，減少壞習慣。

好比腸胃裡的細菌，如果「好菌」增加了，「惡菌」就減少了，於是腸胃自然會愈來愈健康。同理，「好習慣」增加了，「壞習慣」的力量就會漸漸減弱乃至銷聲匿跡！

4.盡力增加正念與善念，減少邪念與惡念。

也就是說～努力淨化身、口、意。則能增進身心的平靜與祥和。

5.自制力。

6.布施。

財布施、法布施、無畏布施、微笑布施、善念布施……等等。

7.積極心。

不畏艱難，努力充實自己的智慧。

8.淡喜淡悲。

保持一顆「平靜淡定」的心，則寧靜方能致遠。

9.利益眾生。

幫助別人提升智慧、幫助別人離苦得樂。

10.意志力。**好的事堅持做到底、正確的路堅持走到底。**

每個人的「人生劇本」都是自己寫的！這一世的「人生劇本」是過去生的「心念與行為」所造成的！同樣地，現在當下的每一個起心動念與行為，也都在創造著未來的「人生劇本」！我們都想要擁有更美好的人生，那就讓我們從此刻開始**「好的事堅持做到底、正確的路堅持走到底」**！

筆者心得

　　過去的「明智」形成今日的「美好」；過去的「無知」造就今日的「苦難」！既然生命中所有的好好壞壞都是自己創造的，所以莫將自己的苦難歸咎於上天或任何人，我們唯一能做的就只有「隨緣消舊業，更莫造新秧」！除此之外，讓我們從此刻開始，更積極地去創造與揮灑未來更美好的「人生劇本」！

　　以下是達賴喇嘛尊者所開示的內容，筆者將它整理如下：

　　如果你的人生太平順，你會變得懦弱！

　　困境會幫你開發內心的力量！讓你有勇氣面對困境！

　　當你覺得一切都是別人的問題時，你會遭遇許多痛苦。

　　當你察覺一切都只是自己造成的，你將會學習到平靜與喜悅。

　　在碰到敵人想傷害你的那一刻，你就可以學到忍辱。

敵人是很好的精神導師，因為有敵人，才可以培養忍辱；

忍辱，才可以累積大功德力。

達賴喇嘛尊者講得真好！由此可見，面對所有的「痛」與「苦」的境界，我們都應當感恩再感恩！感恩業力正在消滅！感恩它讓我看見自己的懦弱！感恩我可以藉此再繼續增強自己的「心力」！……！

原來，外境的一切都是自己「因果」的投反射！

如果要問：「蒼天為何要『這樣』？」那倒不如問：「自己為何要『那樣』？」

所以，只有擦乾淚水「接受」一切的發生，然後才有力量再繼續「前行」！

達賴喇嘛曾經說過一句話：「讓你的心力變得更強的絕對是你的『敵人』！」所以我們當感恩逆境帶給我們的歷練！

雖然道理筆者都懂，但是境界一來，我還無法做到「當體即空」。

常常都要哭一哭、氣一氣！最後，當情緒冷靜下來時，才「空」得掉！所幸，自己有因緣學過許多「善知識」（有智慧的真理），所以尚能輔導自己走過所有的情緒起伏！真的很感激曾經發生在我身上的所有「善惡因緣」！

水低成海，人低為王，輸者為高。有句話：「你想當皇后嗎？那就把你老公當皇帝！」

筆者心得

一個妻子無論再怎麼有成就，如果能將「光環」讓給老公，而且人前人後都常常讚嘆與賞識他！這應該就是柳居士所謂的～「讓老公當皇帝」～那麼老婆自己當然就順勢當上「皇后」啦！ㄏㄏ……！

輔導一個人，必須鼓勵他從「強項」下手！

1. 把強項發揮到極致，超越一般人，於是內心的「光明」面才能增加，然後慢慢地也能戰勝自己的「黑暗面」。簡言之就是～用自己的「優點」去輔導自己的「弱點」。

2. 另外還要用自己的「強項」到處分享或幫助他人，這將會種下很多「善緣」的好種子，便能為自己的未來創造許多「貴人」！於是，無論做什麼事情都會比較順遂！

3. 人在「谷底」時，要多鼓勵自己、多讚嘆自己的優點與長處，但是在「高處」時（當自己的優點達到「獨步」的境界時），則必須「合其光，同其塵」，收斂自己的光芒，莫讓別人覺得刺眼！讓自己平易近人吧！

當我們所處的環境裡，有很多不太好的人，而我們又無法與這些人切割時，我們只好「與狼共舞」！設法跟這些人「和平共處」，但同流不合污！

筆者心得

這讓筆者想起～「屈原的故事」。屈原因為無法做到「與狼共舞」，最後為了個人的清白，所以選擇葬身魚腹！其實，在他還沒投江自盡時，有遇到一位漁父勸他說：「聖人不凝滯於物，而能與世推移」與「滄浪之水清兮，可以濯吾纓；滄浪之水濁兮，可以濯吾足」，漁父的這番話正是「與狼共舞」的寫照。

不過，據筆者多年觀察，能做到「與狼共舞」者，智慧都很高，幾乎都是「老靈魂」的人，而且多半都非常幽默！幽默的人常常是「黑白兩道」通吃，不易與人產生對立的情結，所以處處都很受歡迎！

且聽柳居士講故事：

　　話說姜子牙，出生在一個非常貧困的家裡，長大成人沒錢娶妻，只好入贅女方家裡，可是他依舊一事無成，妻子受不了他的「窩囊」，便將他驅逐家門！可憐的姜子牙，離開妻子之後，無論做什麼行業都是一敗塗地！姜子牙雖然做什麼事都失敗，但是強者終究是不會輕易向逆境低頭的。他天生有一個特點，就是喜歡深思，一件小小的事，經他的分析，都可以總結出許多大道理出來！不可思議的是，這些大道理居然都是關於如何治理國政的謀略，他還將這些謀略寫成了一本書，叫做《太公兵法》，於是成了「兵法」最早的創始人。原來，姜子牙之所以做什麼事都失敗，就是因為他把自己「擺錯地方」，也就是說他沒有「找到自己」。他有大理想、大抱負，但是眾人都笑他痴心妄想，其實，燕雀安知鴻鵠之志？

　　他經過一番努力之後，上通天文、下知地理，對政治、軍事各方面都有其獨步的見解，他自知自己有能力可以治國，但是必須等待「伯樂」的現身。他用的方

法很獨特，他每天去渭水邊釣魚，但不用魚餌，魚鉤還要離水三尺，還在那裡自言自語地說：「負命者上鉤來！」（他的意思是：「願意上鉤的魚兒，自己上鉤來」）

　　渭水邊每天都是人來人往的，人們對他都非常地好奇，上前去問他，他也不答話。這個奇怪的事就這樣被廣傳開來，後來傳到了周文王的耳裡，慕名前來拜訪他，跟他交談了幾句之後，驚喜地發現眼前的這位長者，正是他夢寐以求的世外高人，故立刻拜他為師，並親自為他拉車來顯示自己的誠意。最後姜子牙成功輔佐周文王成就大業，也成功輔佐文王之子武王一統江山，奠定了周朝長達800年的國祚基礎。

　　這個故事讓我們了解了一個事實～「**逆境是在幫我們點光明燈，逆境愈大，光明燈愈亮！**」姜子牙就是一個最佳的例子，他72歲才遇見「貴人」，83歲拜相，最終活到139歲。他從出生到72歲，整個生命的過程都十分困頓，倘若他熬到60歲或70歲就放棄了，那就沒有後來「無比光明」的人生！所以說：「**逆境是在幫我們點光**

明燈，逆境愈大，光明燈愈亮！」

　　無論我們遇上任何艱難，都要想起歷代的這些偉人是如何超越困厄的日子？讓我們效法先賢的精神～愈挫愈勇、屢敗屢戰、忍常人之所不能忍、堅持善良、穩定心情、努力充實自己～先將自己先準備到「無比精湛」的程度，機會與貴人自然就自動送上門來了！

筆者心得

　　網路有位智者這樣說～～一個人發跡之前，必須先失去這五樣東西：

　　1.失去「暴脾氣」～強者隱忍。

　　2.失去「依靠」～強者無依無靠。

　　3.失去「傾訴欲」～強者面不改色。

　　4.失去「抱怨」～強者迎難而上。

　　5.失去「魯莽」～強者三思而後行。

　　很明顯地，姜子牙上面五樣東西通通徹底失去了，所以他能堅持善良、永不放棄！無獨有偶，之前提到的盧老、夢老、德蕾莎修女等，也都一樣，上面五樣東西

一個也沒留！反觀我自己，這五樣東西，我通通都沒失去！厂厂所以我煩惱一堆啊！

郭子儀是大唐王朝的中興名將、七朝元老（經歷了武則天、唐中宗、唐睿宗、唐玄宗、唐肅宗、唐代宗、唐德宗七朝），活到85歲，福祿壽三全，出將入相。在中國古代戰史上，郭子儀可謂家喻戶曉，曾被評價為「千古一臣」。他一生戰功赫赫，權傾朝野，身居要職。曾經是兩代皇帝的宰相，三次當「超級大將軍」（全國的兵力都受控於他），而且還是唐代宗的老丈人和唐憲宗的外公。憑他的本事，他絕對可以當皇帝，可是他堅持善良、忠勇愛國無人可及，每次他幫皇帝平定亂象之後，都會將軍權交還給皇上，雖然功高蓋世，但是卻毫無叛變之心！人生雖然「三落三起」，可是無論「起」或「落」，他都能保持「平常心」、保持「淡喜淡悲」，「落」不失志、不怨尤；「起」不驕衿、不自大。因此他雖然權力很大，卻不招惹人忌；儘管功高蓋世，也不會讓君王起疑；縱然妻妾成群，德才兼備的君子也不會恥笑他。是故《太平廣記》對郭子儀的評價是：「權傾天下而朝不忌，功蓋一代而主不疑，侈窮人慾而君子不罪」。

他之所以會這麼成功並非偶然，那是因為他擁有七個很棒的優點，如下所示：

1. 智慧超群：懂得應對進退。
2. 淡喜淡悲、寵辱不驚：「三落三起」都保持平常心。失權時能隱忍，得權時不驕衿。
3. 定力高超：處險境能臨危不亂。
4. 氣度恢弘：部下犯的錯，他一肩挑，最後部屬都心甘情願臣服於他。
5. 正氣凜然：憑著威望不費一兵一卒就擊退外侮（吐蕃與回紇），可見正氣浩然者，天必助之！就像常山趙子龍，他從來沒打過敗仗！曾經為了救阿斗，趙子龍單騎奔馳於萬軍之中，如入無人之境！這種「自反而縮，雖千萬人吾往矣」的浩然正氣，正是趙子龍百戰百勝的緣由！
6. 無我：隨時可以當皇帝，可是卻堅持忠貞愛國，「無我」者必然勇敢且無憂！
7. 識人識心：免於奸臣盧杞的陷害。

※就是因為他擁有這些超乎常人的優點，所以他才

會有此福報成為「五福老人」～

8.「長壽」：享年85歲。

9.「富貴」：被封為汾陽王，又曾拜相兩次，還被當朝皇帝尊為「尚父」，被部下將士敬為「如父」，而且被北方強族稱為「吾父」。其後代共有五位當上唐朝的駙馬爺，八子七婿都在朝廷為官。另外他又是皇帝的外公，所以郭子儀集所有的富貴於一身！

10.「安樂」：常勝將軍，七朝元老，享盡榮華富貴。

11.「善終」：最後壽終正寢，平安走完一生。

12.「子孫多」：兒孫滿堂。

郭子儀的福報的確令人羨慕，可是他的付出與能耐有誰知？他的優點與能耐我們都有嗎？如果沒有，那也就不必比較了！可是我們至少可以努力效尤郭子儀的優點與精神，就算此生未能完全「翻轉人生」，至少能提升這輩子的「靈魂層級」，於是創造來生的智慧與福報。

筆者心得

　　筆者非常喜歡聽歷史故事，因為從故事當中，可以學習到很多做人處事的哲學。做人成功，做事自然容易成功！登天難，做人更難！研讀歷史正好可以懂人性，又能學習成功的「做人做事」之道。雖然成功無法強求，因為那是「上天」的決定，可是最起碼我們可以努力學習古聖先賢的優點與智慧，於是提升「生命能量」與「靈魂層級」！

人死什麼都帶不走，唯一帶得走的是「心」，所以要努力修「心」。走在「道命」的路上，最重要的就是要做到下列十點：

1. 所有的問題都是自己的問題：因為「外境的一切現象都是自己內心的投反射」（萬法唯「識」），所以該「修正」的是自己。「命運」都是自己造作的，所以無須怨天尤人，再苦、再難的問題，都只能坦然且平靜地去面對與接受，然後繼續向前行。面對並接受「問題」，就是面對並接受「自己」！藉「境」煉「心」，讓自己的心變得更柔軟、更寬廣、更有同理心！

2. 所有的發生都是最好的發生：逆境都是來幫助我們消除業障的，困阨的環境正好可以磨練出堅強的意志，也會增長我們的慈悲心、同理心與柔軟心，雖是「鐵漢」可是內心卻能充滿「柔情」。

3. 只問耕耘，不問收穫：「收穫」是上天決定的，我們唯一能做的就是努力「耕耘」而已。

4. 吃得苦中苦，方為人上人：吃苦不但可以「消

業」，還可以增加「生命能量」，如果尚未得到能量，那就是因為我們還「卡關」！苦愈大，當通關了，則所獲得的能量也會愈大！歷經大悲、大苦，必定有大喜、大得！

5. 將錯就錯，也就是「與狼共舞」！

6. 外面沒有別人，只有自己。「一即一切、一切即一」、「你就是我，我就是你」，全世界只有一個人。

7. 努力增加好習慣、減少壞習慣。

8. 努力增加優點、減少缺點。

9. 淡喜淡悲。

10. 斷捨離：斷捨離可以找回一個人失落的生命能量。

- 生活環境中，多餘的東西要盡量斷捨離，東西不必多，但是「質」要高，好的物品要捨得用，好運才進得來。

- 會讓自己「生命能量」下滑的人，我們要盡量與

他保持距離，除非自己有本事「與狼共舞」。

- 對「道命」無益的事情也要斷捨離。例如：吃喝
  嫖賭、聊一些無關自己的「八卦」……等等。

「佛說一切法，對治一切心，若無一切心，何用一切法。」「外境」沒有是非、對錯，「外境」只是一位幫我們開「解藥」的醫師，他告訴我們→我們的心哪裡有問題，或我們內心哪裡有「地雷」。

　　我們的心波動太大，表示自己要修正的地方還有很多！「波動」只是來讓我們知道，到底我們還有哪個「生命角度」沒過，那就是我們必須開悟的「點」，一個大徹大悟者，360度都過關了！逆境正好可以審核自己開悟的層級，因為「通」則「不痛」，「痛」則「不通」。心強度大的人，則「外境」沒有所謂的「順」或「逆」，一切只是「法爾如是」（剛剛好而已）！

人出生到這個娑婆世界來，有四種目的：

1. 還債。

2. 報恩。

3. 升級：有少數一些很善良的人，他一直在做「對的事情」，但是「逆境」卻還是一個接一個過來，這表示上天在粹煉這個人。這種「人生劇本」比較難，挑戰度比較高，但是一旦過關，靈魂就會升級很多。

4. 願力：乘願再來，這是菩薩的境界。

真正的「贏」是一種「和局」、是一種「平衡」。

人人想發光，但是這個「光」不要亮到會刺傷別人，所以有時候要懂得適度收斂自己的光芒。另外，我們是發自己的「光」，而不是去滅別人的「光」。「贏」不是要將別人往下壓，不要老是想證明「你錯、我對」、不要「非黑即白」，這樣只會形成「對立」與「比較」，於是互相競爭、互相排斥與攻擊！則冤冤相報何時了？只有「和局」才會「平衡」，也就是說～「你中有我，我中有你」。

曾經《商業週刊》有登出一篇文章叫「第10名理論」～第10名的人最受歡迎，因為他沒有傲氣也不自卑，而且能「承上起下」。此處「承上起下」的意思是，上上下下的人都喜歡他。因為他沒有傲氣，所以功課比他差的人不會嫉妒他、喜歡跟他討教，而成績好的人也不會嫉妒他，因為不會視他為對手。所以「平凡人」不容易有「敵人」。《商業週刊》這篇文章告訴我們一個重點～「合其光，同其塵」。

不會嫉妒也不會缺乏自信，這就是「和局」，也是

「平衡」。

筆者心得

　　想當一個「合光同塵」的「平凡人」需要有「智慧」與「度量」。有「智慧」所以「光芒」柔和、收發適宜；有「度量」所以對上、對下都能以「平常心」接受。

聽柳居士講「案例」：

有位王教授博士班的學生拖延了很多年還未能畢業，而畢業的最後期限又已經迫在眉睫！我對他們兩位（王教授與林同學）個別做了以下的處理：

關於林同學：

我沒有鼓勵他，也沒肯定他，更不會催促他，因為這種方式如果對他有效，就不會拖這麼久還沒畢業，所以我只簡單做了以下幾件事：

1. 先瞭解他為何拖延了這麼久？是能力問題，還是另有原因？結果是①個性比較不積極，②自我管理不夠嚴謹。

2. 針對他不積極的個性，跟他一起敲定論文進度，然後定期關懷他的「預定進度」是否達標。當然，不可能如預期的理想，但是有人隨時關懷與詢問，終於有了大幅度的進展！

3. 除了論文，建議他不要再把時間浪費於無關緊要的事情上！該「斷捨離」的事情，就要痛下決心去斷捨離！

4.讀書的房間要整齊乾淨，沒有必要的東西要移除，物品愈少，悟性愈高，論文才會寫得愈快！

5.只有「生命能量」提升，不積極的個性才會改善，而且自信心也才會提拉得上來，我要求他每天做下列三件事：

(1)每天感恩父母五件事，從小到大的事情都可以。父母是我們生命的根源，如果沒有很好的「連結」，「生命的頻率／能量」會比較低，則心情會比較沉，於是行動就不會積極努力！

(2)每天寫自己的優點與長處，至少寫三樣，如果沒得寫，那就寫當天做的善事亦可，縱然只有在7-11捐一元。只要持續寫出自己的優點，就能找回自己「失落的力量」，於是信心自動會上來！只要信心飽滿，很快就能看到「困境」的「出口」了！

(3)每天感恩五件事，人只要能不斷地去感恩周遭中所有的人事物，「生命的頻率」自動會提高，於是做事情的動力與效率就自動跟著提升了！

6.懺悔：過去如果有做錯什麼事情一定要找「當

事者」懺悔，才能清除內心的「負能量／陰暗面」，這樣「前進的速度」才不會被「負能量」拖住！

7. 人生來都一定會吃苦，吃了這個苦就不必吃那個苦。如果林同學命中注定，這段求學過程必須吃苦10年，則就算5年內勉強畢業，則他在職場上恐怕還要另外再吃苦5年，才有辦法出人頭地，所以不必氣餒！要相信上蒼一定會做最好的安排！

8. 也給他的父母一些建議：

(1) 用孩子的名義捐款助印經書。

(2) 請父母幫孩子誦金剛經。

(3) 多為孩子做善事。

(4) 不必催他，也不要嘮叨！把所有的壓力交給菩薩！

☺ 結果：這孩子果真愈來愈努力，投稿到國外某雜誌社的Paper，很快就被接受並刊登出來！而且還繼續發表了第二篇！（註：想拿到博士學位，必須先成功地將Paper發表到國外的雜誌上！）於是終於順利畢業了！

王教授：

1. 林同學的個性其實與王教授很類似，林同學很善良、單純、負責任，但是行動不夠積極！林同學其實是上帝派來的「天使」，他幫助王教授看見自己，進而得以反省檢討與改進。

2. 鼓勵王教授必須從內心深處去接納林同學。其實外境都是自己內心的投反射，因此外面沒有別人，只有自己一人！所以，接受林同學、原諒林同學，就是接受自己、原諒自己！林同學的成功也代表王教授自己的成功！王教授如果能真心接納、讚美林同學，不再嫌他東、嫌他西，則林同學就一定會振作起來！畢竟，有哪位學生不希望得到老師的肯定與讚賞？

3. 努力這麼久還沒畢業，一般人可能已經半途而廢了！為何林同學還能繼續堅持？可見他的韌性絕非一般，在這方面王教授必須肯定他！另外，他並沒有中途換指導教授，這表示林同學十分善良而且忠誠度很高！關於這一點，王教授對林同學

應該要有一份感恩的心。

4. 林同學雖然論文一直沒有很大的進展與突破，可是他多年來都一直很認真在幫助學弟妹，指導他們如何做實驗、如何寫論文，也幫忙改論文，實在是分攤了不少王教授的工作壓力。我提醒王教授，也許這孩子就是為了報恩而來的，該報的恩報完了，畢業之路自然就順了！

☺ 結果：王教授原本對林同學非常心疼，也很著急與擔憂，可是後來他完全接納林同學，不但不再對他「過度關心」，偶而還能對林同學主動示好，並多方肯定他的努力與善良。而林同學也終於順利取得博士學位！他後來到大陸的某一所大學擔任教職。可喜！可賀！

可以優秀，但不可以有優越感。優越感是一種「希望得到別人認同與關注」的心態；優越感是一種「我比別人優秀」的心態，有了這兩種心態，就會樣樣都要與人比較，於是處處好勝、好強！

「優越感」常常會讓人「昏」了頭，做出「扭曲」的行為來！例如希特勒，他認為日耳曼民族是世界上最優秀的民族，於是他開始排除異己，差一點就把猶太人全部撲滅！

又如：王莽為何篡漢？他原本只是一位讀書人，在社會上很有名望，是一位「名士」，聲望高到被大家拱上去當君王，當上君王之後，他優越感很重，所以無法接受那些在他心目中所認為的「低階者」。此乃因為王莽心中有「黑暗面」、有「殘缺」，所以他才會排斥外在的「黑暗」與「殘缺」，假如他內心是光明的，則外境就沒有所謂的「低階者」！王莽若懂得「外境是自己內心的投反射」，他就不會去消滅外在的「黑暗面」，而是平息自己內心的「黑暗面」。好比方我們照鏡子，看到自己有某個部位髒了，我們要擦的不是鏡子，而是

自己！同理，王莽要消滅的不是別人，而是自己內心的「黑暗面」。

另外，王莽為何要殺掉那些他認為不好的人，因為他害怕被別人發現他的不好，這麼做他才能維持自己的「優越感」！

人性的弱點就是這樣，假如自己不夠強，那他可能會排斥強者（因為自卑），也可能會排斥弱者（因為想要消除自己內心的黑暗面）。

筆者心得

我們都想要成為一個「優秀者」，但「優秀」未必代表我們一定要處處比別人強！人本來就各有優缺與長短，人外有人、天外有天，永遠也比不完！比較只是在自尋煩惱而已！我們唯一能做的，就是盡最大的努力，讓自己變得愈來愈好、愈來愈接近自己預定的目標！**向上、向善、無爭！如是**而已！

一個團體如果「群龍無首」，則必可存活很久！例如「五月天」這個團隊為何能持續這麼久還沒解散？因為「主唱者」阿信並沒有當「團長」，所以「光」不會只有在他一人身上！「光」如果不平均，一個團體不會持久！

上古社會就是一個「群龍無首」的社會，是一個「共和」、「共管」的社會，君王只是一個「意見整合者」，他只負責整合大家的意見，君王並不是一位「尊貴者」，他沒有「優越感」，堯、舜、禹等人即是如此。

林老闆是台灣一位上市公司的創始人，曾經旗下有位強將謝先生想要獨自出去創業，林老闆二話不說立刻全力支持他，成立了另一間相似的公司，後來子公司超越母公司的規模，結果兩個人都大賺一筆！倘若當初林老闆度量狹小排斥、壓制謝先生，那麼可能會造成兩敗俱傷！可見一個領導者要有胸襟、氣度與遠見，才能利人利己，創造更大的財富！

沒有亂世，就沒有貞觀之治！沒有「否極」，就沒有「泰來」！某企業家小時候曾經被很多算命仙說他是「乞丐命」！其中只有一位算命仙說他將來會是一位大企業家，因為「極否」，故「極貴」！

周朝之所以能持續800年，是因為周公「制禮作樂」。有禮貌就不會打打架滋事，另外好的音樂具有較高的「頻率」，可以陶冶人性又能療癒人心，使人心情變好、變平靜，因此就不會去做「低頻率」的壞事，故周朝方能享有這麼長的國祚。

筆者心得

　　難怪各個宗教都有他們的音樂與歌曲，這些宗教歌曲讓人聽了之後，心情通常都會變得很平靜，其中有些歌曲甚至還會讓人掉淚、懺悔，於是讓人的內心啟動了「自我療癒」的功能！此外，世俗也有很多很棒的音樂，一樣具有鼓勵、療癒與反思的功用，例如美國某位知名歌手創作了一首聞名全世界的歌，這首歌不但撫慰了全世界，還幫非洲飢民募集了六千多萬美元！令人感動不已！

與其成為光榮祖先的後代，不如讓自己成為那位能令子孫以我們為榮的祖先。無論過去的家世背景有多麼的卑微，我們都要努力去成為能德蔭子孫的祖先！也就是說，如果你不是偉大家族的後代，那何不自己去創造一個偉大的家族！

　　同理，與其抱怨悲慘的過去，不如去創造美好的未來！從前種種，譬如昨日死；以後種種，譬如今日生！放下原罪、失敗與仇恨，也就是放下任何過去不如意的人事物！擦乾淚水，以平靜和感恩的心接受過去的一切，然後重新整裝待發，勇敢邁向前程，創造美好的明天！

　　一直放不下「過去」，就會一直「過不去」！於是讓自己永遠活在「過去的陰影」當中，結果不但失去了「當下」，連「未來」也一起陪葬了！

新聞最好少看，因為一來「負能量」太大，二來「孰是孰非」只有「當事者」心裡有數，我們「旁人」是很難論斷的！

要懺悔、要悔過，但不是懊悔或自責！懺悔是為了改過向善，但是懊悔卻會失去力量！

筆者心得

這句話於我心有戚戚焉！筆者有「白目」的缺點，偶而會無心說錯話得罪人，惹得對方很生氣！我雖然當下都已經道過歉，可是我卻依然會帶著「自責」與「自卑」過日子，實在是十分痛苦！直到遇上柳居士，我才終於打開這個「心結」，真的很感激！另外，他還教我一些「說話的藝術」，這個部分很精彩，筆者日後會陸陸續續整理出來，敬請期待，希望會有更多的人受益！

每個人都要找到自己的專長，並且在自己最擅長的領域裡，努力做到「爐火純青」的程度，於是我們比較容易產生「自我肯定」。

　　一個人如果無法自我肯定，則別人不肯定我們，那也只是「剛剛好」而已！因為，外境只是在反射我們的內在狀態！

　　倘若沒有任何「爐火純青」的特長或能力，那就在「修養」上好好下功夫，如果修養能達到「爐火純青」，那一樣會很受人尊敬與肯定。

筆者心得

　　筆者曾經遇上一些修為很好的「小人物」，他們沒有亮麗的外表，也沒有任何登峰造極的才華，但是他們都讓我佩服萬分！以下筆者分享兩個案例：

　　其一：筆者在逛傳統市場時，看到一對母子每天都在賣水煮玉米，母親的雙腳微跛，無論寒冷的冬天或炎熱的夏天，他們永遠都開心地窩在市場的一個小小角落賣玉米。他們對待客人永遠都很客氣，而且笑瞇瞇，收

到客人的錢時，都一定會雙手接過錢，並對客人鞠躬說聲：「謝謝」！日子對他們而言是辛苦的，可是他們的臉上卻沒有「辛苦」的表情！請問讀者：「如果您看到這對母子，是不是也會很喜歡他們呢？」

其二：筆者有一次在某個「登山步道」遇上數位工人，他們正在搬運各種修理涼亭與木棧道的所需物品，那些東西我一個也搬不動！當下我內心升起很大的感恩，原來我「健身、休閒、娛樂」的活動，是建立在別人的「血汗」之上！我忍不住對一個年輕人說：「帥哥！你好強啊！居然搬得動這麼重的東西爬山！看到你的辛苦，我才終於知道我們有步道可以爬，是要多麼地感恩！有你真好！謝謝你！辛苦你了！帥哥！」這位曬得烏黑發亮的帥哥微微一笑，笑得很靦腆、很可愛！接下來沒走幾步又遇上了一位歐吉桑，他應該是老闆，我又如是這般地稱讚他、感恩他一番，結果未料他的「格局」出乎我意料之外，他說：「我也要感謝你們常常來爬山，所以我才不會失業啊！」我笑著回答：「哇！好快樂的想法啊！佩服！佩服！」我接著又跟他說：「這

種工作實在是很艱難啊！你們真的好辛苦啊！」他笑著說：**「困難的事慢慢做就好了，無論再怎麼困難都一定做得完，時間會解決所有的問題！」**聽完這句話，我大大地讚嘆他一番！

　　沒想到一個毫不起眼的工人也有這麼棒的智慧力，突然間我內心對這位「快樂工人」升起無比的恭敬與佩服！他的這句話，至今我仍無法忘懷！每當我遇到困難時，我就會想起他的這句話，於是心境就立刻轉換「跑道」了！

表面上我們是在工作賺錢過活，可是實際上我們是在發現自己、瞭解自己。當我們的工作在「某一個點」卡住時，也表示我們的生命環節在某一處卡住了！「內心」如果沒有卡住，「外境」就不會卡住！外境只是內心的投反射！

筆者心得

　　筆者對柳居士的這段話特別有感覺！因為筆者有位好友小偉，他的情況很符合柳居士所言，他的個性迷糊，所以在工作的表現上經常忘東忘西，完全吻合了柳居士的這句話~「內心」如果沒有卡住，「外境」就不會卡住！外境只是內心的投反射！今筆者將小偉的案例分享如下：

　　小偉經常會這樣說：「我怎麼又忘記要先執行A才能執行B？」或者是：「我怎麼又忘記上級交代我要辦的事？」筆者因為聽了很多柳居士的課，所以我知道我應該如何輔導小偉，我告訴他：「你應當要深入自我反省檢討，到底自己的『生命環節』卡在哪裡？你如果內心

沒有卡住，外境就不會卡住！」小偉反省了一會兒後，回答我：「我有『迷糊』的問題」。

　　在此，筆者必須先補充一下小偉的背景資料：小偉從小就是一位品學兼優的好學生，記憶力非常好！一位記憶力這麼強的小孩，為何長大成人後，在工作的表現上會如此地「掉漆」？筆者深入瞭解之後，發現小偉從小就不在意生活的一些小細節，對父母交代的事情也經常忘東忘西！由於父母對他寵愛有加，所以經常忽略他的「小缺點」，不曾糾正或指責小偉的迷糊，結果小偉愈長大就愈迷糊，「小缺點」已經在無形中變成了「大缺點」，最後兩老也常被小偉的迷糊氣得半死！知道小偉的背景故事之後，讀者不難理解為何小偉在工作職場上會如此受挫！

　　以小偉的例子來講，那就是他有「不夠用心做事」、「不能專注傾聽他人說話」、「無法牢記別人交代的事項」……等問題，如果是這樣，我們要處理的「核心問題」就是他的「迷糊」！

　　★ 以下是我給小偉的建議：

其一：處理「表象」問題的方式～

1. 用筆和紙，或用手機清清楚楚記錄事情的處理步驟；

2. 重複確認事情的執行步驟；

3. 別人交代我們的事情可以善用手機的提醒功能。

4. 整理環境。無論是住家或工作環境都要盡量減少不必要的東西，保持乾淨整潔，這麼做會讓人腦筋清楚很多，心情也會愉悅很多。

其二：處理「根本」問題的方式～1.懺悔 2.種好種子 3.淨化心靈～

1. 首先要先懺悔過去迷糊的罪過，往昔可能是因為父母太寵愛你，所以縱然你沒有很用心做事，父母也會包容你的迷糊，久而久之，上天認為既然你不想記住「該牢記的事情」，那表示你不需要「好記性」，於是上蒼就會先收走了你一部分的「記性」，如果惡習再不改，那上蒼就會收走更多！所以你必須先懺悔過去的惡習，並發願努力改進！不管是大事或小事，都要想盡所有辦法牢

牢記住，絕無半點閃失！於是上天才會慢慢將「記性」還給你！

2.多種「好種子」：

(1) 主動幫別人記住事情，適時提醒別人，擔任身邊人的「記憶小幫手」。

(2) 多背「聖賢語」：以因果的角度來推論，記性不佳的人，除了可能是「懶得記東西」之外，也可能是過去「該牢記」的不記，而「不該記」的人事物卻反而牢牢記住了！所以除了懺悔之外，你可以多背一些「聖賢語」來淨化一下自己的頭腦，讓頭腦清晰一點。「聖賢語」可以是來自四書五經、聖經、道德經、佛經……等等。

3.淨化心靈，減少妄念與煩惱。妄念與煩惱是什麼？簡而言之就是「貪瞋痴慢疑嫉妒」，這些都是記性的最大障礙，所以我們當努力清除之，則不但記憶力會漸漸增加，專注力也會提高。但我們又該如何做，才能減少妄念與煩惱？

(1) 閱讀可以「讓心靈平靜、祥和」的書，於是「寧

靜」便能「致遠」。

(2) 聽聞可以讓「心靈高度」提升的演講，打開自己所有「外顯」與「隱藏」的「心結」，於是「記憶空間」就會騰出來，進而能降低迷糊的現象。

(3) 禪坐：據許多科學家研究，禪坐的確可以有效減少妄念，進而提升記憶力，但禪坐需要找高人指導。

(4) 一日多省吾身：時時刻刻注意自己的「起心動念」，一旦念頭落入了「貪瞋痴慢疑嫉妒」就要趕緊調伏，如果一時調伏不了，最起碼要能「自我控制」，不要讓「妄念」化為「不良行為」，通常只要能「強烈專注當下」，便能將自己與「妄念」做「切割」！

(5) 少抱怨：抱怨只會累積更多的負能量，於是「記憶空間」會更狹窄！如果受了委屈，那就使用「沉澱情緒」的方式抒解，本書之前已經有提供。倘若情緒還是「沉澱」不下來，那就要找「對的人」求助與討教，但找人的目的絕對不是

為了「抱怨」，而是為了得到智慧與成長！**情緒畢竟是「無常」的東西，它終究會隨著「時間」流逝！**

4.設法提高專注力：抄寫經文或聖賢語，一來增長智慧力，二來提高專注力，因為抄寫東西時，心容易專注在當下。或者是練習書法，亦有異曲同工之妙。

真正的強者不是讓愛你的人傷心落淚，而是讓他們感動、窩心！

筆者心得

　　除了少數特例，天底下最愛我們的人通常應該是父母，只有他們的愛是完全沒有條件的！大部分的父母不會因為孩子對他們的誤解、恨、吵架……等等，而放棄自己的孩子！可是如果是情人、兄弟、姊妹或另一半，就很少有這麼大的度量可以包容對方！只有父母對孩子的愛是無限的，可以包容再包容，只要孩子一句「對不起！」父母就會將所有的「傷心或憤怒」一筆勾消！只要孩子的一句「我愛你」，父母的心就融化了！面對這般愛護我們的父母，縱然我們一時還無法成為他們的驕傲，最起碼別再讓父母為我們傷心流淚，設法做一些能令他們感到窩心的事情！如果因為無法與父母溝通而感到很痛苦，或因為達不到他們的期望而感到壓力很大，那就須要找師長或有智慧的朋友幫忙「解套」！總之，父母的「關卡」，通常都是天底下最容易「打通」的！

所以，好好愛我們的父母、努力珍惜每一個跟他們共處的時光吧！

以下是「工作篇」：

1. 如果我們經常換工作，那就表示我們有「某個問題」一直重複在上演著，此時，該是我們面對問題、好好檢討反省的時候了！

2. 在職場上，優秀是需要上級認定才算數的，不要太自我感覺良好或自以為是！有時候必須多聽聽「旁觀者」怎麼看，這樣方能做一些比較切實際的自我反省，否則我們很難看到自己的問題所在。我們如果不知改進，縱然換了不同的公司，「上級」還是「同一個人」（同樣「會讓我不舒服」！）所以，只有把缺點改了，我們才遇得到「伯樂」！總之，我們如果不會開車，那麼無論換哪一部車，也一樣不會開！

3. 我們可以吃苦，但是不能沒有從「苦」當中學到東西，否則苦都白吃了！我們必須從「吃苦」當中，好好檢討「自己不足的地方」才有辦法進步，而不是去反省檢討「上級」哪裡不好！別人能當「領導者」一定是有他「做對」、「做好」

的地方，至於他的缺點我們不必執著，頂多是告訴自己：「將來我成為領導者時，不要有這樣的缺點！」我們一方面要摸索如何與上級互動，一方面要學習上級的優點，並累積自己未來當「上級」的本事。要以提昇自己的能力為主，不要輕言離職，要向自己多挑戰！若不得已離職，最起碼要帶走更多成功的「本事」，這樣下一個工作才會更得心應手！

4.要注意自己的基本禮儀、要多與人互動並打招呼，畢竟「人以和為貴」，這樣當我們需要幫忙時，自然會有許多「助緣」翩然到位！來日有因緣成為「上級」時，下屬與我們的相處也必定是和樂融融！

5.才剛進公司不久，要懂得尊重「前輩」，不要老是想「指導」前輩，這是大忌，這樣做容易惹人反感！因為就算我們是對的，別人也可能對我們產生嫉妒，或者認為這只是「恰巧」而已，他並不會覺得我們真的很厲害。比較糟的情況

是，倘若我們的方法被上級證明是失敗的，那正好證明我們的「不行」，於是我們將會自取其辱。無論是招惹人忌還是自取其辱，對我們都沒有好處！以「投球」為例，我們一定是要先練好「直球」，「直球」練好之後，再開始練「變化球」。可是我們「直球」還沒練好，就想指導那些已經會投「變化球」的前輩，這麼做很容易冒犯前輩！做人做事要有一份懂得「什麼時候該進、什麼時候該退」的智慧，才會處處圓融、利人利己、無往不利！我們懂得尊重前輩，前輩就會尊重我們，反之我們只會惹人厭煩，最後落得「待不下去」的窘境！

6. 在我們「實力」最弱的時候，就要用心學習、賣力工作！我們要是願意主動去吃別人吃不了的苦、做別人不願意做的事，便能大量累積福分，慢慢地才會有機緣遇上「伯樂」！

7. 我們的目標要切實際，不能好高騖遠！很多人都很想成就一番大事業，可是我們要反問自己：我

們身上有哪一個「特質」或「條件」可以成就一番大事業？以下這些「大企業家」的優點，我們擁有了幾個？～人脈資源、良好的經濟支援、表達能力好、溝通能力佳、管理能力高、做事能力強……。總之，我們「設立目標」要合理，才不會給自己製造不必要的壓力、自卑和挫敗感。

8. 剛近一家公司，最重要的就是要先培養「自信心」，而培養自信心最佳的方式，就是把「當下」的每一件「小事」先做到「完美」！老子曰：「合抱之木，生於毫末；九層之臺，起於累土；千里之行，始於足下。」所以不要輕忽任何一件「小事」，要將每一件「小事」都做到「完美」，累積所有的「小事」就是一件「大事」，於是「自信心」就這樣逐漸堆疊上來了！

9. 工作時，無論我們在製作任何產品，我們當如是想：「我做的這個產品，如果是我自己要買的，我會滿意嗎？我會愛不釋手嗎？」以這樣的心情去做事，就能把產品做到最好的程度，於是我們

所做出來的產品將會廣受歡迎，而且我們也會因此而感到很開心、很有成就感！於是「自信心」就會變得更強大！

10. 前輩交代事情時，我們要用心牢記，這樣做事才不易犯錯！倘若我們做事常常需要上級幫我們收拾善後，那我們鐵定不久就又得換公司了！

11. 上司指責我們的時候，我們應如是思維～上級願意說我，這表示他還想繼續用我，也就是他認為我還有救，否則直接開除我就好了啊！他數落我的目的，只是為了要「點破」我的迷津！

12. 培養「當下的力量」可以讓工作做得更精準！將「心念」百分百集中於「當下」！莫讓「心念」住在「過去」或「未來」，方能將事情的「每一個步驟」都執行得很「到位」！想要擁有「當下的力量」，就得先將「一直想不透或當下無法解決的煩惱」暫時「晾在」一邊，「煩惱」明天再說吧！其實，只要每一個「當下」都很充實，「煩惱」自動會無趣地遠離我們，反之若失去了

「當下」，則煩惱就愈是形影不離！

13.我們要多看成功人士寫的書籍，從中可以得到很多的啟發，或者是多聽一些成功人士的演講，也必定會受益良多！

筆者心得

1.其實真正要擔心的不是有沒有「伯樂」，而是要擔心自己到底是不是「千里馬」？自己如果真的是「人才」，總有一天會遇上「伯樂」。在上級還沒有重用我們之前，我們要低調、多聽少說，只管認真學習、努力工作！當上級對我們很滿意、很倚重為時，我們講話就自然會很有分量、很有影響力，但依舊要保持謙虛的態度，因為無論我們是上級或下屬，驕衿自大都是惹人厭的！

2.如果工作不如意，我們要反問自己：「我把自己放對地方了嗎？」好比方說，我們不可以叫愛迪生去當畫家，也不可能找「諸葛亮」上陣殺敵。

3.們如果能將老闆的公司當作是自己的公司，這樣

更能瞭解一家公司的運作模式，於是做事更能抓到重點！

4.我們自己未來當「上級」時，會希望下屬具有哪些優秀特質呢？那現在我們就得好好努力，讓自己先擁有這些優良特質，也就是說，讓我們先種下更多的「好種子」吧！

5.筆者很喜歡這句話：「我們如果不知改進，縱然換了不同的公司，「上級」還是「同一個人」（同樣「會讓我不舒服」！）的確，我們如果不換一個「腦袋」做人、做事，那麼無論是哪位「上級」，他對我們的態度與方式還是會一模一樣！也就是說，「內在」不改變，「外在」就很難有所不同！

6.筆者很喜歡柳居士的一個觀點～**把每一件小事做到完美，就能累積自信！**～沒錯！萬丈高樓平地起，累積每一個「**一點點的進步**」、每一個「**一點點的優秀**」，久而久之就有「**很多的進步**」、「**很多的優秀**」！於是「自信心」就上來了！

「自信」是成功的基石！不必跟別人比較，我們只須要努力去堆疊眼前每一個「一點點」的「好」，那我們就已經是一個「好」人了！

7. 上司指責我們的時候，我們可以這麼想：「他是為了教我才罵我，而不是為了罵我而罵；他罵的是『事情』，不是在罵『我』！」這樣想我們比較容易將「情緒」和「自己」切割開來，才不會讓情緒困住我們前進的步伐！

倘若是上級是在作情緒發洩，則我們要做適當的心情切割，不要讓彼此的情緒互相糾結，等適當的時機再溝通。有時候很多事情不必急著當下解決，往往是過了就好，所以說～**事緩則圓，慢就是快**！

8. 不管上級對我們是「指責」或「指導」，我們若能態度柔軟、臉色溫和地去接受，人家才有可能會樂意教我們更多，甚至傾囊相授！另外，我們最好當場能拿起筆來整理上司講話的重點，然後冷靜自我反省一下，有則改之，無則加勉。就算

是上司誤解我們，也不要當下急著辯解，解釋太多惹人厭，而且容易引起爭執，我們先接受、先照做就對了，日後有適當的時機再解釋也不遲。

9.一個堪為「大器」之人，是可以被念、被教、被罵的！這是一種「承擔力」，能承接得住這些考驗，上天一定會送給他一份「大禮」！不過，這份禮物未必是有形的，有時候可能是無形的，例如：變得更自信、更有能力、更積極向上、更有涵養……等等。

輔導人的語言必須多用「正面的言詞」替代「負面的語言」。先用「正面的語言」去肯定他「負面的行為」，然後再設法導正他的「偏差」。

　　例如：有人跟我說，父母教訓他的時候，他都會頂嘴！

　　我會對這樣的人說：「那你一定是一個很聰明的人、有勇氣對抗權威、反應快、有自己的主見。」我先肯定他，不判他「罪名」，以免產生「對立」的心理狀態。等對方卸下心防之後，我會進一步跟他說：「不過如果你能換另一種口氣講話，應該會比較容易達成溝通的目的！」此時他會開始升起好奇心，想要聽聽別人的意見，漸漸地他的耳朵就打開了，此時，就是我們可以開始輔導對方了！

筆者心得

　　溝通想要成功，就必須先「統一戰線」，所謂**「溝通不在同一個頻道，溝通無效！」**柳居士是個溝通高

手，先肯定對方，讓對方與自己「合一」，於是方能成功地將自己的觀念灌注給對方！

面對父母的責難時，的確非常難受，但是我們必須先設法理解父母的立場與難處，才能避免一場不必要的「戰爭」！其實父母念我們的時候，他們自己也一定很痛苦，但是一切都出自於「愛」！不愛我們的人就不會「念」我們了！

　　有些人為了表達自己對父母的不滿，於是變得十分叛逆，故意把自己變爛，好讓父母生氣、痛心！結果最後兩敗俱傷，痛苦的不會是只有父母，自己也一樣痛苦不堪！

　　其實，讓自己變優秀本來就是應該的，自己要愛自己！我們如果不能好好愛自己，還能指望誰愛我們？我們應當先讓自己變好、先好好愛自己，無論是品格、行為、談吐、修養、心靈、外觀、內涵、健康……等等，都要好好照顧，這樣不但自己會很開心，我們的父母、家眷也都一定會很快樂！所以把自己照顧好，就是在照顧家人！而且還可以進一步照顧更多的朋友！

筆者心得

　　據筆者多年來的觀察，有些孩子雖然不會頂撞父母，但是卻將父母的話當耳邊風！也就是說，當父母的意見或價值觀與自己相左時，雖然不頂撞，但他依舊堅持做自己想做的事，從不設法與父母溝通！

　　不過，當今的社會裡，有些父母的行為的確有所偏差，所以能做到「不頂撞」已實屬不易！除了這些特例之外，做子女的應當要盡量與父母保持良好的溝通，但這絕對不是一朝一夕能培養出來的成果！子女必須於平日經常與父母保持聯繫，聊一些父母關心的事情（話題可以是：他們的寶貝孫子／孫女的近況、自己的近況、父母的健康狀況、健康知識、政治、經濟、社會新聞、風雲人物、……等等），也可以將自己遇到的難題請教他們，儘管他們的意見並不高明，可是父母會覺得自己被孩子看重與尊重，於是會產生一種「參與感」與「成就感」，進而建立良好的「連結」，且拉近彼此的「距離」！父母是我們生命的「根源」，所以我們做子女的應當努力與此「根源」連結上，於是我們的「生命之

樹」自然會茁壯！

有位西藏活佛（生根活佛）這麼說～

對於我們兒女來說，父如天，母如地，沒有天地就不會有大自然，沒有父母，哪來的我們兒女呢？所以我們要感恩父母。為什麼說父如天，天是萬物發源的依靠處，父親是兒女精神的依靠處，所以叫父如天。為什麼說母如地呢？地是萬物生長的依靠處，母親是兒女生長發育的依靠處，所以叫母如地。

所以，倘若我們能與父母「合一」，則能與天地「合一」！於是「宇宙的能量」就會源源不斷進入我們的生命之中！於是我們就比較容易心想事成！不管如何，這麼做至少會讓我們的內心覺得很舒坦、很愉悅！

曾經舜被繼母虐待，又因為繼母造謠生事、挑撥離間，所以父親很不諒解舜！舜不敢解釋，因為他不忍心看到父親傷心落淚！所以他不但接受、看開、放下，而且還責怪自己做得不夠好！其繼母甚至還數次想害死舜，可是蒼天有眼，所以舜皆能順利逃生，舜始終是無怨無悔，也不讓父親知道真相。其孝行不但令世人感

動，也感動了天、感動了地，最後的結局是——舜當上了君王，享年101歲！舜真正做到了與父母「合一」！與天地「合一」！也就是所謂的「天人合一」！

我們輔導人的時候，有時候可以這樣反問：「如果你是我，請問你會如何輔導你自己？」或「如果你有一個兒子／女兒的情況跟你一樣，你會怎麼輔導他／她？」我們輔導別人，要設法啟動他的「內師」，讓他們自己輔導自己，不是直接給他們答案，而是要輔導他們看見自己的問題，並鼓勵他們設法找到心中最適合自己的答案！

人追求的是「完整」，不是「完美」！

「完整」指的是：「完整」地接受自己的優缺點，並「完整」地接受外界一切人事物的好與壞。

「完美」指的是：只接受自己的優點、只接受外界的好（外在的人事物，能配合我的喜好與需求者才叫做「好」）。

這個世界展現給我們看的是→出生與死亡、興盛與衰敗、繁榮與蕭條、綠意盎然與槁木死灰、冷與熱、高山與海洋……等等。面對這些現象，我們當以「本來如是」的心態「完整」地去「接受」！同樣的，我們人也一樣，有優有缺、有胖有瘦、有高有矮、有黑有白、有善有惡……，面對這種種的現象，我們也應以「本來如是」的心態「完整」地去「接受」！

我們修行在修得一個優點的同時，也會產生一個缺點，我們再將這個缺點修掉，此時我們的修行即是「完整」的！例如：我們成功訓練自己有「做事勤快且效率高」的優點之後，常常會產生「批判別人動作太慢或懶惰」的缺點，此時我們必須再修掉「批判他人」的這種

缺點，包容他人的「不完美」，這就是「完整」的修
行！

人追求的是「成長」，而不是「成功」。

「成長」指的是：

1. 變強：加強做事能力、受挫力、思維邏輯能力、表達能力、危機處理能力……等。

2. 儀表、儀態變好。

3. 心理素質變好：誠信佳、高EQ、積極學習、胸襟氣度大、不計仇不記恨、待人常懷慈心與感恩、處事圓融、經常幫助別人成功、常保祥和與向善的心……等。

先將可控的部分（成長）準備好，則當「天時、地利、人和」都具足時，「成功」自然會水到渠成！

無論做任何事，若能把它當作「道業」來做，則做起事來必定是愉快又有成就感！例如：掃地時，希望眾生的心地愈來愈乾淨；煮飯時，希望吃到的人都會開心又健康；工作時，希望公司鴻圖大展；教書時，希望學生程度大大提升而且學習愉快；爬山時，希望眾生皆能步步高升、心情開朗！

筆者心得

　　我懂了！

- 倘若被誤解而受到委屈，在傷心落淚之餘，趕緊發願～

　　普願天下蒼生，所有曾經受委屈者，都能「諒解」對方的「無奈」！並感恩對方幫助我提升「心的力量」！

- 倘若感到驚恐不安時，趕緊發願～

　　普願天下蒼生皆能時時保持一顆淡定、祥和與平靜的心！

- 倘若感到焦慮與煩惱時，趕緊發願～

普願天下蒼生皆能智慧提升、心無罣礙、得自在！☺

‧當別人指出我們的「錯誤」時，我們通常都會很不舒服，此時趕緊發願～

普願天下蒼生皆能「自我反省檢討與改進」，也能感恩並珍惜這位願意主動指出我們錯誤的「貴人」！

（PS.就算別人是「惡意相向」，我們還是要心存感恩來面對，因為「敵人」絕對是幫我們「提升生命力」的人！只有用「感恩」取代「怨懟」，方能化解生生世世的「情緒揪結」！）

‧若大小便時，趕緊發願～

普願天下蒼生皆能遠離「貪、瞋、痴、慢、疑、嫉妒」！

‧若生病時，趕緊發願～

普願天下蒼生皆能皆能健健康康、快快樂樂，並珍惜健康多做有益社會的事情！

當生命「陷落」時，可以考慮去某個「非營利」的團體當「義工」，這麼做不但可以「培福」也能提高「自信」與「價值感」，並找回更多「失去的力量」，於是生命自然是神采飛揚、活力滿滿、朝氣蓬勃、意氣風發！

如果能做到下列幾點，則人生會活得更有意義、更超然！

活在「無常」，但能跳脫「無常」。

活在「輸贏」，但能跳脫「輸贏」。

活在「得失、成敗」，但能跳脫「得失、成敗」。

活在「是非、對錯」，但能跳脫「是非、對錯」。

筆者心得

太棒了！這就是一種「中道」思想！（「人心惟危，道心惟微；惟精惟一，**允執厥中。**」）只有合乎「中庸之道」，不落「兩端」，則「天下太平」矣！這也就是《金剛經》所謂的「應無所住，而生其心」，只有達此等境界方能徹底逍遙自在！不容易啊！我會牢牢記住這個道理！

其實筆者常會在不覺間又落入了「執取」，也就是落入了「兩端」！於是產生「痛苦、憤怒、傷心」的感覺！但是我只能擦乾淚水繼續前行，然後不斷地提醒自己：

這些痛苦的感覺都是我最佳的「生命導師」！

感謝「它們」為我量身打造了一個「落實真理」的絕佳「劇本」；感激「它們」幫我締造了一個「體悟真理」的絕妙「機緣」！

最後筆者得以再度穿越「生命的陷阱」！我會繼續努力！我希望自己穿越「陷阱」的速度能愈來愈快！

讓自己「變好、變強、變快樂、變健康」非常重要，別人才不必為我們擔憂或被我們拖累！這也是一種「做善事」！不是幫助別人叫做「做善事」，幫助自己也是在「做善事」！

筆者心得

的確很有道理，身體不健康，常常會讓家人很擔憂、很害怕，也很花錢！實在是一種很大的負擔！所以我們要好好照顧自己的健康，盡可能每天抽時間運動！此外，也要好好照顧自己的「心靈」，因為「身」與「心」的健康常常互為因果關係，二者往往互相糾纏不清！

「苦」與「樂」其實有同等的價值與意義，所以面對「苦」與「樂」當「淡喜淡悲」！

筆者心得

這也是一種「中庸之道」！「苦」常常為我們帶來學習與成長的機會，所以當「淡悲」；「樂極」常「生悲」，所以當「淡喜」！

蛋從外面打破叫「食物」，從裡面打破叫「生命」。所以「壓力」與「困阨」必須靠自己克服與突破，不是別人幫我們除掉！這樣生命才會得到歷練與成長！

筆者心得

別人有痛苦或煩惱，我們只須要聆聽與陪伴，可以給一點建議，但是不要急、不必為他擔憂！我們要相信「宇宙」的安排、要相信每一個生命都會為自己找到合適的「出路」！我們唯一要做的就是～信任、肯定生命，並用「真心」一路挺到底！**信任別人就是信任自己、肯定別人就是肯定自己、挺別人也是挺自己！**

別人愛不愛我們一切隨緣，但自己一定要先好好愛自己！如何愛自己？

　　1.要有良好的內涵。

　　多看優良的書籍、多聽好的演講、多與優秀的人交往……等等，皆能充實自己的內涵。這樣便能提高「明辨是非善惡」之能力，同時能保持「中道」，也就是「不落兩端」！「不落兩端」意思是，我們可以明辨是非善惡，但莫要擇善固執。「堅持善良」是拿來要求自己的，不是拿來衡量別人的「準繩」，人都會犯錯，因為「無奈」！

　　2.外觀要優雅。

　　3.身體要健康。

　　有健康的身體才有辦法創造美好的人生，所以要多運動。

　　4.個性要開朗。

　　個性爽朗則人緣佳。

　　5.待人要謙和。

　　6.要有良好的修為。

努力提高EQ（情緒管理智商）與AQ（人際關係智商）。

7.培養幽默感。

8.要有禮貌。

9.做事認真負責。

10.盡力維持適當的身材，飲食要節制。

時間從不說話，但是它會給我們所有的答案！

「先知」是會被排擠的，常常都很痛苦、很寂寞！因為沒有人理解他！在他周圍常常沒有同類！例如：波蘭天文學家哥白尼提出「地動說」，主張太陽才是宇宙的中心，而地球等天體都是繞著太陽轉。最後哥白尼死得不明不白！義大利科學家伽利略出書支持「地動說」，1633年法庭大審，強迫伽利略放棄「地球繞著太陽轉」的「異端想法」，並將他終身監禁。

凡是你想控制的，最終你都會被它所控制！所以要小心，只有對所有的「人事物」皆「無著」的人，才能得到真正的「自由」！

筆者心得

　　多麼有智慧的一句話→只有對所有「人事物」皆「無著」的人，才能得到真正的「自由」！

　　就如同《心經》所言：「依般若波羅密多故，心無罣礙，無罣礙故，無有恐怖，遠離顛倒夢想，究竟涅盤。」

　　這也就是《楞嚴經》所說的：「離一切相，即一切法」及「知見無見，斯即涅盤」。

　　也類似《金剛經》所說的：「凡所有相皆是虛妄，若見諸相非相，即見如來。」

　　不過，這些境界，筆者都沒有！（柳居士說他也沒有！ㄏㄏ）

每個人都有自己的優缺點，人都必須完全接受自己，才能穩定自己的情緒，然後才有辦法進一步提昇自己。輔導一個人最重要的就是幫助他「跟自己和解」，也就是「完全接受自己」，他並不孤單，自己就是自己最佳的「盟友」，於是他就會得到「力量」，進而智慧也會增長！當智慧增長了，眼前的路也就變得平坦、寬廣了！

筆者心得

　　的確！只有「完全接受自己」才能讓情緒穩定！也就是要先跟自己「和合」！如果不能接受自己，往往會陷入「自卑」的陷阱！「自卑」猶如一個「大包袱」，這個「包袱」如果放不下，拖著它絕對走不遠！這樣如何能提升自己？

　　「優缺點」猶如自己的「小孩」一般，無論好好壞壞都得先「完全接納」，才有辦法跟這些「小孩」和平共處，於是「孩子們」的情緒才會「平穩」！情緒平穩的「小孩」自然會比較有理智願意聽「父母」的話，也

願意配合「父母」的指揮與帶領，於是這些「小孩」就自然進步於無形之中了！

　　所以不要批判自己、否定自己，同樣地也不要批判、否定任何人！其實每個人都有想「成聖、成賢」的「本性」，犯錯都只是因為「無奈」！我們必須去接受、理解並體諒所有「眾生」的無奈！而自己也是「眾生」之一，所以也要接受自己！

　　「無奈」說穿了就是佛家所謂的「業力」！沒有人願意犯錯，犯錯真的只是因為「無奈」、因為「做不了主」！還是諒解他吧！

　　我們要懺悔自己的過錯，然後重新做人，但是要能接受自己「不完美」的事實！如果犯錯了，懺悔改過是應該的，但懺悔完畢之後就要放過自己，畢竟「人非聖賢，孰人無過？」因為自責不但無濟於事，反而會讓自己的「生命能量」減損，甚至會失去活著的「勇氣」！但這並不是說，我們可以重複不斷犯錯，然後再重複懺悔！

　　以下引用六祖慧能對「懺悔」的解釋（語出《六祖

壇經》）：

云何名懺？云何名悔？懺者，懺其前愆，從前所有惡業，愚迷憍誑嫉妒等罪，悉皆盡懺，永不復起，是名為懺。悔者，悔其後過，從今以後，所有惡業，愚迷憍誑嫉妒等罪，今已覺悟，悉皆永斷，更不復作，是名為悔。故稱懺悔。凡夫愚迷，只知懺其前愆，不知悔其後過。以不悔故，前愆不滅，後過又生。前愆既不滅，後過復又生，何名懺悔？

「困惑」與「逆境」都是上天為了幫助我們找到自己「痛點」之所在。找到了「痛點」,「成長」的速度才會加快!因為「痛點」就是我們的「下手處」,也就是開悟的「源頭」!

筆者心得

　　「痛點」的確是我們的「下手處」,這好比推拿師傅,他的「下手處」絕對是我們的「痛點」!因為「痛點」就是我們「不通」的地方,故曰:「痛」則「不通」;「通」則「不痛」!

　　「困惑」與「逆境」磨練心性的最佳「道場」,「痛苦」只是在反應我們的「問題點」、反應我們的「不足之處」,這即是所謂:「外境只是內心的投反射!」

鬼谷子說：「一個人有沒有出息，只要看這兩點就夠了：『窘』視其所不為；『貧』視其所不取。」

1. 「窘視其所不為」：一個人在窘困的時候，看他還堅持不做什麼！

2. 「貧視其所不取」：一個人在貧困的時候，看他還堅持不拿什麼！

3. 能夠耐得住窘迫，方能經得起繁華；能夠經得起誘惑，方能守得住原則；能夠頂得住壓力，方能做得了大事；能夠丟得起面子，方能贏得到尊嚴！

4. 海明威說：「打不倒我們的，終將使我們強大！」當困頓、窘迫、寂寞、壓力、誘惑和面子都不再成為我們前進的累贅時，那成功就在望了！

5. 人生在低谷的時候，是一場最嚴峻的考驗，在此期間一個人可以重新認識自我。當一個人深陷生活的低谷時，也能始終如一地去要求自己，對別人的幫助感恩戴德，不占人的便宜，那這個人就

有著「層級」較高的靈魂。所謂:「君子愛財取之有道,貧賤不能移,富貴不能淫,威武不能屈!」

6. 孔子曾讚嘆弟子顏回,說他「一簞食,一瓢飲,回也不改其樂」,不論生活給予他什麼樣的打擊,他總能堅持著做人的信念。

7. 有些人日子過得好的時候,他是個「好人」,但稍有不順的時候,整個世界的人好像都對不起他一般!有些人則是無論陷入什麼樣的困境,他始終堅持著~「有所為、有所不為」。這就是鬼谷子所說的:「窘視其所不為,貧視其所不取。」所以,困阨的環境正好可以檢視一個人的心性。

8. 一個不相信「舉頭三尺有神明」的人,他必定是一個沒有原則和底線的人,這樣的人,遲早有一天要為自己的行為付出相當的代價!一個人的「價值」高低,全看他的「原則」與「底線」。

老子曰：「不爭則莫能與爭。」「不爭」則沒有人可以跟你爭，你不入對方的「局」，就不會有輸贏，倘若你落入對方的「局」，則必有輸贏，則輸的一方必然會很生氣！

筆者心得

「不爭」、「不比」才能讓一個人的心情保持冷靜與平和！雖然「不爭」，但是依舊不斷地保持「向上」、「向善」！

毀掉一個人最快速的方法就是先給他「順境」，然後再將它收走！項羽就是一個例子，秦國用了100年的時間才統一全國，而項羽卻僅花了3年的時間就滅掉秦，他用5萬的軍隊大破秦軍40萬！史稱「西楚霸王」，當時他年僅25歲！但是往後4年的「楚漢之爭」，他卻敗給了劉邦！最後因「無顏以見江東父老」，故自刎於烏江，當時年僅30歲，這一切只因為他過不了「面子」這個關卡！

筆者心得

常常有人感慨：「大器晚成」，羨慕他人年紀輕輕就已經輝煌騰達！從項羽的故事，我們知道，成功得太早，往往會因為驕矜自大、不可一世，終致無法「守成」！所以大器晚成，反而懂得珍惜並感恩所得到的一切！

「謀事在人，成功在天。」我們唯一能做的就只是「不斷地努力」，努力做人做事、努力積德積福，其他的就交給老天爺了！

「仁者無敵，暴政必亡。」秦朝15年就滅亡，而宋朝重文輕武，國祚卻長達270年，僅次於唐朝！可見壞脾氣一定要改啊！

假如你常常因為一個小小的過失就會被罵得很慘，那你今世的功課就是必須「穿越「被罵」」！你如果不想將這門功課延迫至下輩子才完成，那就趕緊努力去穿越吧！

筆者心得

既然「穿越「被罵」」是今生的功課，那就坦然面對與接受，不要再抵抗！早一點「還完」早一點「解脫」！不過，想要穿越「被罵」實在不易，筆者自己的經驗與心得是~當別人正在憤怒的當下，不要急著解釋，對方不會聽得進去的！首先必須先示意對方：「我懂了、我明白了！」，同時也適時地說聲：「對不起！」這樣做便能令對方的火氣逐漸平息！如果自己有受到委屈，那就要會等到對方心平氣和時，再找適當的時機跟對方委婉地表達自己的難處。

另外更高竿的人是用「幽默、搞笑」的方式，這種方式常常能瞬間就澆熄對方的怒火！柳居士就是這樣的人，曾經他與一位大老闆有約，但是因為車位難找，

加上種種其他的不順，以致遲到了數分鐘，導致那位老闆非常憤怒！當時他心中想：「我無論解釋什麼，這位大老闆也聽不進去！」急中生智的他用台語說：「阿兜沒辦法啊！我就划船來耶啊！」結果這位「盛怒」的大老闆突然笑了出來，並幽了柳居士一默說：「好啦！好啦！進來坐吧！下次記得要划快一點啊！」這位大老闆最終成了柳居士最大的客戶！

有句話說：「從哪裡跌倒，就從哪裡爬起來！」但是如果你不知道自己的「跌倒點」（問題點），你就會站不起來！知道問題點在哪，才會產生「力量感」，才會找到「著力點」，於是自然就輕鬆地「站起來」了！如果沒有「著力點」，那就會失去力量，此時人容易變得很煩躁，而且可能到處抱怨！比較糟糕的是，個性內吞，最後可能會得憂鬱症，而憂鬱久了還可能會罹癌！

筆者心得

講得好啊！～沒有「著力點」就站不起來了！～人不怕失敗，就怕找不到自己「失敗的原因」。找到「源由」就找到「著力點」。不知道原因何在，就無從檢討與改進，於是我們將會重複在「同一個點」上反覆跌倒！直到「開竅」為止！

什麼是道？莊子曰：「道在屎尿。」禪宗：「雲在青天，水在瓶。」又曰：「在眼曰見、在耳曰聞、在鼻辨香、在口談論、在手執捉、在足運奔。」可見大道就在生活中的一切，平常心是道、行住坐臥盡是道，因此隨時都是悟道的時機；任何處境都是悟道的最佳場所！活在當下，讓心時時刻刻與當下的言行舉止連結在一起，不住過去、不憂未來，即是「道」。不管是王宮貴族還是販夫走卒，如果能悟道，則此生就沒有白來了！

筆者心得

世間的「名權利」都是虛妄的，莫將大部分的生命與時間耗在這上面！老子、莊子、孔子、孟子、耶穌、釋迦牟尼佛，及佛陀的諸大開悟的弟子、歷代祖師大德、德蕾莎修女……等，有誰是生活在「大富大貴」之中呢？人往往是在「困乏」的狀態之下，才會悟得一些大道裡！是故孟子曰：「天將降大任於斯人也，必先苦其心志，勞其筋骨，餓其體膚，空乏其身，行拂亂其所為，所以動心忍性，增益其所不能。」例如：寒山大師

歷經「妻離子散」的痛苦，最後一人孤苦伶仃；憨山大師受冤入獄，被流放邊地；蓮池大師家破人亡，還有達賴喇嘛、夢參長老、虛雲老和尚……等等，有哪一位是名權利都具足呢？但是他們都被公認為是已經開悟的祖師！

靈魂如果註定是來「升級」的，這一生註定要吃很多苦，上天不將你「逼到牆角」，你無法開悟、提升！

筆者心得

不管生活遇上任何困境，我們只能盡量平靜地去「**接受**」，才不會苦上加苦！

以下筆者整理一段來自網路所流傳的資料，這段資料正好可以呼應柳居士所言，願與讀者共勉！

~~~~~網路資料~~~~~

強者不是沒有眼淚，而是含著眼淚奔跑的人！

十年前你是誰、一年前你是誰，甚至昨天你是誰，都不重要，重要的是，今天你是誰？

人生是很累的，你現在不累，以後就會更累！人生是很苦的，你現在不苦，以後就會更苦！唯累過，方得閒；唯苦過，方知甜！

趁著年輕，大膽地走出去，去迎接風霜雨雪的洗禮，練就一顆忍耐、豁達、睿智的心，幸福才會來！

這世界上除了你自己，沒有誰可以真正幫助你！

雞蛋從外打破是食物，從內打破是「生命」。人生亦是如此，從外打破是「壓力」，從內打破是「成長」！

相信上天不會虧待你，你吃的苦、你受的累、你掉進的坑、你走錯的路，都會練就獨一無二成熟、堅強、感恩的你！

心簡單，活著就簡單；心自由，活著才自由。

凡事多找方法，少找藉口，強者都是含著眼淚奔跑的人。不管你有多難過，始終要相信，幸福就在不遠處！如果你堅持住，你定會看見最堅強的自己！

你努力了、盡力了，才有資格說自己的運氣不好。

世上沒有一件工作不辛苦；沒有一處人事不複雜。從今天起，每天微笑吧！世上除了生死，都是小事！

因為有明天，所以今天永遠只是「起跑線」！

努力過後，才知道許多事情堅持、堅持，就過來了！一個人在外面很不容易，沒什麼！拼的就是「堅強」！

越有故事的人，越沉靜簡單；越膚淺單薄的人，越

浮躁不安！

努力之後，你會發現自己要比想像的優秀很多！

「捨得」、「捨得」，有捨方有得！你必須先失去某些「東西」，才能得到別人得不到的「東西」！

筆者心得

悉達多太子因為失去「名權利」，所以才得以「成佛」；蘇東坡因為失去「名權利」，所以他所寫的詩詞流傳千古！諸如此類的事實不勝枚舉！

讓自己提升更快的最佳方式，就是幫助別人提升。不管是以自己的實力去幫助別人，還是藉助某位「大師」來幫助別人，都須要讓自己先提升，因為自己若沒有明顯提升，有誰會願意聽你的話去認識該位「大師」？總之，無論是前者還是後者，我們都得先努力提昇自己，才有辦法幫助別人提升。其實有時候，到底是「誰幫助誰」還真的難以論斷，因為在幫助別人的過程裡，別人也常常會跟我們分享他的人生智慧，就算對方完全沒有跟我們分享任何東西，我們也要感恩他讓我們有機會種下「助人提升」的種子，將來我們遇上困境的時候，自然會有「貴人」出現！

筆者心得

這一段講得真好！助己助人、助人助己、人助天助！那我們當如何提昇自己呢？不外乎～～

1.多看「聖賢書」或坊間廣泛被推崇的一些書籍。

2.不斷落實「真理」：不管成功或失敗，只要我們有不斷地落實「真理」並堅持善良與誠信，則智

慧與信心都會油然而生，於是心靈的層級自然再度得到提升！

柳居士的確幫助了很多人，筆者的一位朋友，人生吃了很多苦，最慘的是「啞巴吃黃連」，有苦說不出！由於個性「內吞」，連怨天尤人都不敢，所以悶出了一身病痛！可能是因為他這一份「堅持善良」的精神，終於打動了上蒼，命運安排他遇見了生命中的「貴人」（柳居士）--在他耐心的輔導下，他終於化開了很多不為人知的心結！其實柳居士並不知道「事情的全貌」與他真正的「委屈」，因為他「有苦難言」啊！但是柳居士聰明過人，藉由蛛絲馬跡便能迅速穿透他的心思（大概是因為柳居士曾經比他更苦！厂厂……）柳居士進而「大舉進攻」，全力「揮軍」整頓，並成功幫他斷捨離很多「心靈倉庫」中的「垃圾」！他的「心靈」終於恢復「清淨」！他超級感恩柳居士！

無論做任何事都有「道」可「悟」！悟性佳的人，無論做任何事，皆可從中悟道，而且能將事情做得更圓滿，例如賈伯斯，他做事情的悟性極佳，所以創下全球獨步的蘋果公司。

　　若是對「人」的悟性佳，則人際必定能圓融！

　　把每件事都當作是「幫助自己開悟」的事情來做，做到徹底完美，即可體悟真理！

筆者心得

　　我們可以在「人事物」的不圓融當中，看見自己的不足，進而努力自我反省檢討。能進步多少算多少，莫要與他人比較，否則將會徒增自己的困擾，畢竟人各有所長！我們只能做到問心無愧，卻無法做到讓人人滿意！

「假如你認為別人不好，其實你也不怎麼樣！」這句話並不是說「天底下沒有壞人」，而是當你在「否定他人」的當下，你有沒有看到自己的「分別」與「執取」？別人縱然有錯，但是「你不能諒解別人」就是另一種錯！

筆者心得

　　說得好啊！禪宗的六祖師慧能大師曾說過這樣一段話：「若真修道人，不見世間過，若見他人非，自非卻是左，他非我不非，我非自有過，但自卻非心，打除煩惱破。愛恨不關心，長伸兩腳臥。」這段話簡單講不就是柳居士所言：「假如你認為別人不好，其實你也不怎麼樣！」

　　其實「執著別人的錯不能釋懷」是一件很痛苦的事情！尤其是當我們執著「上級」或我們所崇拜的「好友」、「師長」所犯下的錯誤時，那更是痛苦不堪！

　　「嫉惡如仇」常常是一種不自覺「自尋煩惱」的痛苦！其實眾生都很無奈，能保持高度理智者，真的是鳳

毛麟角！有時候他們明明知道自己不該那樣做，可是內心的貪瞋癡卻令他們做不了主，而且還會為自己的行為「合理化」，這樣的事件多到無以計數！如果每一件事情，我們都要拿來「執著」，那我們的心靈恐怕永無寧靜之日！

禪宗三祖僧璨大師在〈信心銘〉中說：「至道無難，唯嫌揀擇。但莫憎愛，洞然明白。」

原來祖師們的所見都略同！這也是《楞嚴經》裡所言：「知見立知，即無明本。知見無見，斯即涅槃。」原來修行無它，放下「分別」與「執取」而已！所以從今以後，讓我們都能諒解他人的過錯、理解眾生的無奈！當然也要諒解自己的無奈，不過也不能因此而放縱自己！因為「因果」終究是要自己去承擔的，不要「歡喜做」卻「不願受」啊！

國家圖書館出版品預行編目資料

柳居士這麼説／柳閒雲、無拙問心著. --初版.--
臺中市：白象文化事業有限公司，2022.1
　　面；　公分
ISBN 978-986-5488-71-0（平裝）
1.人生哲學 2.人生觀
191.9　　　　　　　　　　　　110008050

柳居士這麼説

作　　者　柳閒雲、無拙問心
校　　對　柳閒雲、無拙問心
發 行 人　張輝潭
出版發行　白象文化事業有限公司
　　　　　412台中市大里區科技路1號8樓之2（台中軟體園區）
　　　　　出版專線：（04）2496-5995　　傳眞：（04）2496-9901
　　　　　401台中市東區和平街228巷44號（經銷部）
　　　　　購書專線：（04）2220-8589　　傳眞：（04）2220-8505
專案主編　林榮威
出版編印　林榮威、陳逸儒、黃麗穎、水邊、陳婉婷、李婕
設計創意　張禮南、何佳諠
經銷推廣　李莉吟、莊博亞、劉育姍、李如玉
經紀企劃　張輝潭、徐錦淳、廖書湘、黃姿虹
營運管理　林金郎、曾千熏
印　　刷　基盛印刷工場
初版一刷　2022年1月
定　　價　280元

白象文化　印書小舖　出版・經銷・宣傳・設計
www.ElephantWhite.com.tw　自費出版的領導者　購書 白象文化生活館